波德莱尔传

郝志刚◎著

时代文艺出版社

图书在版编目（CIP）数据

波德莱尔传 / 郝志刚著. —长春：时代文艺出版社，2015.12（2023.7重印）
（世界文学大师传记丛书）

ISBN 978-7-5387-4871-0

Ⅰ.①波… Ⅱ.①郝… Ⅲ.①波德莱尔，C.（1821～1867）－传记Ⅳ.①K835.655.6

中国版本图书馆CIP数据核字（2015）第210605号

出品人　陈　琛
责任编辑　徐　薇
装帧设计　孙　利
排版制作　隋淑凤

波德莱尔传

郝志刚著

出版发行 / 时代文艺出版社
地址 / 长春市福祉大路5788号　龙腾国际大厦A座15层　邮编 / 130118
总编办 / 0431-81629751　发行部 / 0431-81629755
官方微博 / weibo.com / tlapress　天猫旗舰店 / sdwycbsgf.tmall.com
印刷 / 北京市一鑫印务有限公司
开本 / 710mm×1000mm1 / 16 字数 / 150千字 印张 / 12
版次 / 2015年12月第1版 印次 / 2023年7月第3次印刷 定价 / 36.00元

图书如有印装错误　请寄回印厂调换

目 录
Contents

　　法国作家雨果曾说经说："波德莱尔的《恶之花》光芒耀眼，仿若夜空的星辰。"

　　对于任何爱好文学的人来说，都有一段爱好诗歌的历程，爱那种诗人的忧郁，爱着那种飘渺的呢喃。

　　但是，如果当一个人读过波德莱尔的诗歌，才算真正读到了灵魂的颤抖。波德莱尔的诗，是一部心灵的告白，是一本现实血泪的奇书，是一卷真正的诗歌，他写在纸上的不是文字，是触及每个人灵魂的歌——

　　波德莱尔是一种高贵而且优雅的浪荡，不拘于世俗的眼光，如同在黑夜里独行的路人，就如同他自己说的那样："我从来没有想过要启迪人类的灵魂，对我来说我只能完成属于自己的救赎，而像别人所说的那样，做一个有用的人，对我来说我一直觉着是一种十分丑恶的东西。"

正是因为这种特立独行才使得人们遗忘了和他同时期的各种"正统"文学家而牢牢记住了这个桀骜的波德莱尔。

而波德莱尔就如同邦威尔所描述的那样,那细长深邃而且漆黑的眼神,仿佛看透了人间的美丑善恶,露出了对于世俗的嘲笑和愚弄,肌肤泛着血液所呈现出的粉红色,流露着他充满血管的自由梦想……

在十九世纪,波德莱尔的《恶之花》震动了整个法国所谓正统的"文学界",他们有的在疯狂地诅咒,有的则在摇头叹息,波德莱尔甚至因为这本诗集而受到了法庭的审判。但是具有讽刺意味的是,这些人的攻讦和诋毁并没有击垮波德莱尔,反而使得他声名大噪,无数人开始四处寻找购买他的诗集。

喜欢他的人说他是人性的魔术师,厌恶他的人说他是黑夜里吟唱的魔鬼。

总之,对于他的争论,一直没有停息,就像他的诗歌一直没有被人停止传唱一样,他被神化,也被恶魔化,最终,他在人们心中被神秘化了。就如夜里那发光的蓝宝石一样,美丽动人,却闪耀着寒冷的光芒。

任何东西只要被人神秘化,就都会带着一些不可靠近的邪恶气息,他引起了正统"文学家"们的极大争议,有人称之为"真正的上帝",有人却恶狠狠地诅咒其为"旅馆中的撒旦"。而许多孩子们都盼望着能够偷偷看到父母藏在柜子里的这本薄薄的诗集,就像夏娃当年被撒旦引诱着吃了一口知善恶树的果子的时候,充满着骚动,而这一个小小的诗集,让很多人走出了童年时代。

《恶之花》是启迪我灵魂的圣经,这本书告诉了我什么是

善，什么是恶。——波尔·福歇

　　正如同伟大的文学家鲁迅先生说过的一样，如要正确地研究和理解一篇文章，不仅仅只是从字面上进行分析，而是应该顾及作者以及作者当时所处的历史社会的背景和环境，也就是"综合分析方法"。这不仅仅是文学分析的一种主要方法，更为重要的是，只有这样去研究和分析，才能更为准确和深入地理解作者在文章中的感情。

　　就像波德莱尔自己在《巴黎的忧郁》里所描绘的那样，当时的社会思想混乱，在法国资产阶级大革命以后，较为发达的物质条件和人们匮乏和迷茫的精神世界极为不相称，猥琐和肮脏的社会让当年的浪漫派感到一种绝望，而当时充满着粉饰和华丽辞藻的"诗坛"让波德莱尔开始感到厌恶。

　　他在《巴黎的忧郁》里描绘了那新建宽敞大道在夜幕中所隐藏的罪恶，拉丁女工的绝望，林道上"野鸡"的放荡和嫖客的调笑，酒馆里那喧闹的醉汉，无可依靠的老人……人们高喊着发财的口号，而忘记了灵魂的善恶美丑，整个社会是山雨欲来的僵化和腐朽的坏死。波德莱尔的《恶之花》就是在这种现实条件下所创作的，就如同他自己在《天鹅》中所写到的那样：

　　我看见了一只天鹅逃出囚笼，

　　有蹼的足摩擦在干燥的街石。

　　可以说，波德莱尔和他的诗歌，拯救了当时已经开始堕落的法国诗坛，使得浪漫主义这种文学流派重新开始了自己的生命。在波德莱尔之前，浪漫主义已经失去了其初生时那纯真活泼的朝气，开始了华丽的辞藻和多余的矫情，正因如此，当时的浪漫主义文学作品已经开始被人们讽刺地称之为"五十岁的老妇人唱着十八岁少女的歌"。

如果说波德莱尔拯救了浪漫主义，那么在这个过程中却产生了一个小小的精灵，那就是象征主义。《恶之花》就是这个精灵诞生的地方。而波德莱尔也凭借自己在《恶之花》中所创造的这个精灵拯救了浪漫主义的法国文坛的生命，同时在以后也成为了象征主义的开山鼻祖，并以此成为了象征主义的泰斗人物。

象征主义的作家们大多和波德莱尔一样，在美妙的梦想中和现实虚幻的物质世界里痛苦挣扎，他们一直在追求隐藏在现实物质世界后的那个真正的美丽世界。所以正是基于此，这一流派的作家采取大量的暗示和象征手法来隐喻和象征人的内心世界。

比如波德莱尔的《恶之花》，通篇没有对于人类心灵的描写，但是我们却能从中看出人类心灵的美丑善恶还有那能够触及人类灵魂深处的共鸣。

虽然象征主义和浪漫主义都是在通过文学手段借助其他场景来描绘出人类那复杂多变的内心世界，但是这两者有着很大的不同之处。

浪漫主义主要是通过描绘自然场景来直接表达自己内心那种烂漫纯洁，而象征主义则明显晦暗了许多，是通过一些比较诡异的比喻和场景描写来实现对于人类心灵的理解和表达，比如他在《恶之花》之中所描写的妓女和那肮脏的肉欲，其实就是抨击当时人们那种行尸走肉一样的生活。

所以，象征主义带有着一些神秘的色彩，通过这些神秘的渲染来创造出那病态的"美"，摆脱矫揉造作就借以实现内心中"最高的真实"，把感觉构造在幻觉中，就像从浓雾弥漫的森林深处传来的歌曲，虽然不见其影，但是却可以感受到那种来自心灵的颤抖。

对于波德莱尔来说，他和他的诗集就像在那森林深处唱歌叩打着人类心灵的精灵一样，喜欢他的人说那是天使的歌声，不喜欢他的人说那是恶魔的弥撒。但是，我们仅仅可以说，波德莱尔不是神，也不是恶魔。

他仅仅只是一个人，一个真正面对自己内心，并且描述人类灵魂的一个人。他的诗歌，就是一个人对于自己内心的告白，自己在自己灵魂深处绽放的一束神秘动人的花朵。

第一章　诗人的成长

1. 年迈的父亲

波德莱尔的童年并没有经历过多的磨难和痛苦。虽然作为军人的继父欧皮克上校，经常因为不理解波德莱尔这个继子特立独行和与生俱来的诗人气质，经常和这位继子产生矛盾。

但是公平来说，欧皮克上校其实是想让自己这个继子能够适应现实社会，改改那独特的"毛病"，将来能有出息而已，所以欧皮克上校对他还是很不错的，尽到了一个继父的责任。波德莱尔的母亲，十分疼爱这个经常有"奇怪"想法的儿子，而自己的母亲，则被波德莱尔视为自己一生之中最为珍惜和疼爱的人。

波德莱尔的生父叫作弗朗索瓦·波德莱尔，出身于一个环境优越的小地主和小资产阶级家庭。其良好的家庭条件使得他从小受到了良好的教育，培养出了他身上很艺术的气质。虽然他自己在漫长的人生道路上没有取得十分傲人的成就，但是值得庆幸的是他把他的艺术气质带给了自己的儿子。

弗朗索瓦·波德莱尔曾经在巴黎大学接受了系统的哲学和神学的高等教育，后来开始了宗教绘画。中年时期转行开始在一名公爵的家里担任家庭教师，他的气质和学问深得公爵一家的尊敬，并且融入了公爵家庭之中。

弗朗索瓦·波德莱尔也得益于此，结交了很多达官贵人和著名的文人墨客以及许多著名画家。如孔多塞等许多朋友，因为对于绘画的共同爱好而过从甚密。

我们应该庆幸弗朗索瓦·波德莱尔在这些年里过着悠闲而高雅的生活，虽然他没有在艺术领域获得巨大的成就，但是在几十年之后，弗朗索瓦·波德莱尔把自己在这段时间内得到的先进思想和文化底蕴都传授给了波德莱尔。

一七八九年的法国资产阶级大革命时期，弗朗索瓦·波德莱尔积极地参与其中，他凭借自身广阔的人脉和出众的能力，在大革命之中成为了一个国家公务员和革命的领导者，这也就是作为儿子的波德莱尔所形容的"先着僧袍，后戴红帽"。在大革命浪潮之中，弗朗索瓦·波德莱尔利用自己的职权和地位救下了正在面临上断头台命运的公爵一家。

也正是因为如此，在波旁王朝复辟之后，公爵出于报答救命之恩而努力保全，弗朗索瓦·波德莱尔才躲过了皇族对于共和革命派的清算。

躲过政治风暴的弗朗索瓦·波德莱尔过上了一种十分幸福而且悠闲的贵族生活，开始担任参议院办公室主任等位高权轻的闲散差事。在整整三十年后，已经六十岁的他续娶了夏尔·波德莱尔的母亲卡洛琳·杜费斯。

卡洛琳·杜费斯是个年仅二十六岁的孤女。也许是因为她自己幼年时作为孤女的不幸遭遇，所以她才让自己的儿子深刻地领会到了亲情的重要。

一直到她去世，她都对自己的儿子倾注了全部的感情和全部的爱。她不仅在生活上供养着穷困潦倒的波德莱尔，更重要的是她对自己儿子精神上的鼓励和支持。在波德莱尔和他的诗作遭到世人巨大的非议时，她也永远是儿子疲惫时的依靠。

后来波德莱尔在1861年5月6日写给母亲的信中说道，自己因为生活不如意、健康日下以及不被世俗所理解，好几次想要结束自己的生命，但是就是因为有着母亲这个一生的挂念，才继续地坚持下去。

父母年龄相差的悬殊却给了波德莱尔一种很奇妙的家庭环境，也带给了他不一样的思想，他的基因最大程度地继承了父母的优点，既有着母亲带给他的关于人类心灵善恶的思考，也有着父亲带给他的学识和文学气息。波德莱尔在成年之后的作品《人语》中还专门有所提及：

> 我的摇篮啊背靠着一个书柜
>
> 阴暗的巴别塔，科学，韵文，小说
>
> 拉丁灰烬，希腊尘埃，杂然一堆
>
> 我的身高只如一页对开的书页。

夏尔·波德莱尔1821年4月9日出生于巴黎，一个并没有什么大事或者异象发生的日子，这仿佛与日后震动整个文坛的波德莱尔十分不相称。但是我们相信年迈的弗朗索瓦·波德莱尔一定会欣喜若狂地为自己的儿子感到骄傲。

晚年得子的他在陪伴自己儿子这六年里，对这个儿子一直十分宠爱，在此后的六年时间里，弗朗索瓦·波德莱尔几乎是倾尽自己这辈子所有的才学对这个儿子进行着培养，他知道自己年事已高，无法继续陪伴和帮助儿子了，所以他想把自己这辈子的所学所得统统教给自己的儿子，希望儿子能够成才，能够继续自己年轻时对于艺术的追逐和梦想，并且能够取得远超自己的成就。

所以在此后的六年时间里，巴黎的市民经常会在市内的卢森堡公园中见到这对父子。波德莱尔成年后曾经给朋友愉快地回忆过，由于父亲弗朗索瓦·波德莱尔在近七十岁年近古稀的时候才得到了自己这个儿子，于是会有一些在公园游玩的人来拍着自己的小脑袋问，你祖父又领着你出来玩了？

弗朗索瓦·波德莱尔他们父子俩永远是牵着手走在这个巴黎最为美丽迷人的公园里，弗朗索瓦·波德莱尔指着公园里所摆放着的、历史悠久的人文雕塑，告诉儿子什么是艺术，而那些雕像背后又有着什么样或悲或喜的故事。当时小小的波德莱尔懵懂地听着，却也能感受到浓厚的父爱。也许父子两人之间的血脉和心灵都是相通的。

也许弗朗索瓦·波德莱尔不会想到，几十年后，他的儿子夏尔·波德莱尔不仅仅能够从雕塑看到其背后的历史故事，还能从人类的物质雕塑中，看到其背后那复杂多彩的灵魂世界。对于弗朗索瓦·波德莱尔来说，当时他只是作为一个父亲去告诉自己的儿子一些简单的知识，可能他并没想到，正是他所做的一切，使得小波德莱尔拥有了一个伟大的灵魂。

成年后波德莱尔对他朋友说，到这时他才明白父亲给予自己的爱为什么那么的浓烈，那是因为他知道自己时日无多，想在最后的几年之中把父爱都倾注到自己的儿子——夏尔·波德莱尔身上，对此波德莱尔曾经十分感动地说道："那是我最初的强烈爱好。"我们无法知道当时仅仅四五岁的波德莱尔会从父亲的讲述中获得多少实际的知识，但是至少他获得了那种对于人来说极为珍贵的父爱。

即使回到家中，自感时间不多的弗朗索瓦·波德莱尔也没有放弃对于这个儿子的培养和教育，如同波德莱尔在自己的诗中所描写的一样，波德莱尔的摇篮和床就在一个书柜下面。上面摆放着启蒙了法国共和自由派的《百科全书》以及卢梭的《社会契约论》，另外还有伏尔泰、莫里哀、孟德斯鸠等人的大量著作。

当然，作为父亲，弗朗索瓦·波德莱尔还在自己儿子的房间中挂满了自己所画的、日后被儿子笑称为"拙劣"的"杰作"。

很难说这些书对于五六岁的波德莱尔来说到底会起到多大的作用，或者说波德莱尔在五六岁时能不能真的读懂这些书，但是不可否认的是，在他父亲刻意安排的这种充满着书卷气的环境下，波德莱尔身上已经深深地被熏陶出了一种文化和艺术的气质。而这种从小培养出来的气质，终其一生一直都在陪伴着波德莱尔，日后被波德莱尔称之为"父亲留给我最宝贵的财富"。

但是弗朗索瓦·波德莱尔十分清楚，自己毕竟已经年已古稀，已经无法再陪伴着自己的儿子走完今后的人生道路，也无法在给予儿子教导和帮助。或许在他生命的最后，这位白发苍苍的老人还想继续牵着儿子波德莱尔的手漫步在卢森堡公园那遍布雕塑的小路上，弯下腰给儿子讲这些雕塑背后的故事，但是他真的是力不从心了。

他在生命的最后，是微笑着看着站在床头的儿子离开这个世界的。他是一个平凡但是伟大，为了自己的儿子愿意付出自己一切的父亲。

2. 母亲的再嫁和继父

在1827年波德莱尔六岁的时候，他的父亲弗朗索瓦·波德莱尔在古稀之年离开了人世，相信他在离开这个人世的时候心中还挂念着自己的小儿子。或许当时才六岁的波德莱尔还不懂得悲伤，可能只是天真地以为爸爸是躺在床上睡着了。

当波德莱尔的父亲去世以后，他的母亲卡洛琳·杜费斯明白自己儿子的不幸，因为她从小就是一个孤儿，所以她在丈夫病故的一段时间内几乎把所有的爱都倾注到了这个六岁的儿子身上，母子两人开始相依为命。对于和母亲的这段时光，波德莱尔在四十年后都感到记忆犹新，在给母亲的信中，他说那段和母亲所度过的时光是"一段充满着爱和幸福的时光"。

我们相信，在这个心地善良，感情细腻而且能体会自己儿子丧父之痛的母亲的照顾下，波德莱尔经历过了一段非常幸福的时光。在四十年后的1861年，波德莱尔还通过文字回忆起这段时光，他写道："我们长时间地漫步在广场上，母亲给了我无穷的柔情，这一段时光对于母亲来说是十分糟糕的，但是对我来说却是母性温柔的美好时光。"

但是上天注定要和波德莱尔开玩笑，就像波德莱尔总是拿世俗开玩笑一样，没过多久，母亲的那黑纱的丧服还未脱去的时候，就改嫁了给了欧皮克上校。欧皮克上校是一位参加过滑铁卢战役的职业军人，当时是在法国军队里任师参谋长的高级军官，根据波德莱尔的回忆，继父是一位"英俊，戎装笔挺但是古板不已的阿尔萨斯大兵"。也许正是这种气概吸引了孀居的波德莱尔夫人。

欧皮克上校从拿破仑发动雾月政变掌握法国政权时便开始追随拿破仑，战争的进展使得这位高大的军人相继战斗在奥地利、西班牙和萨克森。在拿破仑百日复辟之时，欧皮克上校坚定地站在了拿破仑一边，参加了滑铁卢战役。此战中拿破仑被彻底打败，而欧皮克上校也因此身负重伤，左膝盖中弹，子弹甚至把他的髌骨打裂。

因为欧皮克上校忠诚地追随着拿破仑，并且参加了拿破仑的百日复辟行动，所以在此后的法国军队中有很长时间他都不受重用。欧皮克上校在日后对于自己的遭遇说道："那是一个不可逃避的年代，我像其他英勇的军人一样，奔赴祖国北部的战场。我的路符合我自己的想法，更符合我的一贯忠心和行为标准，真正地为国家的利益进行奋斗！"

此后，欧皮克上校的忠诚和能力得到了法军高层的认可，获得了重用，先是在法军总参谋部任参谋，又出任师参谋。法军元帅霍恩洛霍评价欧皮克上校道："欧皮克先生非常礼貌，有着绅士般的风度，还有着军人特有的强健体魄。此外，他还有着广博的学识和冷静的头脑，在平时十分用功和勤奋，是一个非常优秀的陆军军官和参谋。"

由此可见，这位欧皮克上校是一个十分敬业和忠诚的军人，骨子里充满着正直和责任。但是对于这个生硬古板，一举一动都带有着军营中机械感觉的继父，波德莱尔却并没有什么好感。甚至有些书中说过，波德莱尔为了阻止自己的母亲再嫁给欧皮克上校这个古板的"阿尔萨斯大兵"，竟然在二人新婚之夜把家具扔出窗外并且还把作为新房的卧室牢牢地锁住。

当时仅仅七岁的波德莱尔是否能够完成这些事，以及这个传说是否属实暂且不加追究，但是可以肯定的是，年仅七岁的波德莱尔心灵受到了极大的伤害。或许他无法理解他母亲的苦心。

现在看来，他母亲终其一生，对于波德莱尔都是爱得无以复加。所以这次再嫁或许是其母亲不想让波德莱尔再承受自己所承受过的没有父亲的痛苦，或许，她仅仅是想找个好人，能给自己儿子一个完整的家庭，不再遭受自己年轻时的痛苦经历。

但是仅仅七岁的波德莱尔并不能理解母亲上述的苦心，在他看来，自己的母亲在丧服未脱的情况下改嫁是背叛，是对自己父亲的背叛，也是对自己的背叛。也许对于母亲那浓浓的爱使得他觉得自己的母亲只能属于他一个人，只属于那个牵着自己的手，在公园里漫步给自己讲故事的白发苍苍的父亲，而不是那个一本正经对自己经常批评的欧皮克上校这个可恨的"阿尔萨斯大兵"。

也许人们永远无法知道，那年仅七岁的波德莱尔在那时的心里到底是怎么想的，到底对其造成了多大的伤害，但是我们可以肯定，波德莱尔对于人性的发掘和世俗的蔑视，也许就来之于这个时刻。

其实这个外号叫作"阿尔萨斯大兵"的欧皮克上校对于波德莱尔还是不错的，在他刚刚娶了波德莱尔的母亲之后，曾经惊叹于这个并非己出的继子的聪明。为了让波德莱尔能够接受自己，他在努力地博得波德莱尔的好感，甚至有时候还会"放下尊严去努力讨好他"。

年幼的波德莱尔可能并不知道，欧皮克上校在15岁时也遭受了生父去世之痛，从小在继父的抚养下长大。在欧皮克上校滑铁卢战役负伤时，他的养父不仅仅供养着他，而且对他关怀备至。也许真是自己有着这样的继父，所以欧皮克上校对于波德莱尔这个继子也付出了很多心血和热忱。

但是在小小的波德莱尔眼里，这个大兵无论对自己怎么好，也是从自己和父亲手里抢走母亲的祸首。而且他和弗朗索瓦·波德莱尔有着很多的不同之处，他没有弗朗索瓦·波德莱尔的那种文艺气质，而是曾经追随过拿破仑在枪林弹雨里滚出来的铁血军人。因此，他希望自己的继子波德莱尔能够像自己一样，能够建功立业，将来能够"在政府里混个差事"。

但是波德莱尔仿佛被上天注定了他那与众不同的诗人气质，随着不断成长，越来越显现出了那种桀骜不驯和藐视权威的性格。他的继父欧皮克上校也因为这个特立独行的继子"被折磨得想去找上帝帮忙"。

波德莱尔11岁的时候，随着母亲和继父移居到了继父的驻地里昂，在这段时间里，相继发生了七月革命和两次里昂工人起义。用波德莱尔自己的话来说，这个时期的动荡和那惶惶不安的人心使得"自己沉重的忧郁变得更加沉重"。

里昂工人区破旧的民居，绝望的工人，木讷的民妇，烟雾弥漫的天空，这些就是波德莱尔每天所看到的景象，相信从这一刻起，波德莱尔更加坚定了和世俗抗争的决心。相信正是这个决心，才决定了他一生的"灵魂的闪耀"。

在学校寄宿学习的这几年中，波德莱尔开始接触到了马丁和雨果的诗句，这也是他跨入文学殿堂的第一步。得益于父亲对他从小就开始的教育，波德莱尔虽然在日常绝对算不上是一个好学生，但是他的考试成绩还是非常优秀的。波德莱尔尤其擅长文辞学和历史，每次都会在班中考第一名。

从进入这所学校开始，波德莱尔得过两次第一两次第二，其余时间都在"发现新的人生乐趣"，比如滑冰和游泳，以及对老师的各种恶作剧。所以对于学校里的老师和同学来说，波德莱尔是一个聪明、学习成绩优异但是举止古怪，脑袋里充满了怪异思想的"巴黎怪人"。波德莱尔给母亲的信中就说道："老师们都不让同学和我一起玩，仿佛我是黑死病人一样绝对不可接触。"

虽然这时幼年波德莱尔十分"容易找麻烦"，但是欧皮克上校却十分喜欢这个男孩。他在给友人的信中写道："我妻子身体很好，我的儿子也上四年级了，他成绩还不错，不过就是太调皮了！总的来说，我十分喜欢这个儿子，我确信我们的家庭会很幸福的。"

波德莱尔在这段时间对于自己的这位继父感情也很深，他在给母亲的信中写道："以后我的试卷签字的时候您就别签了，您要把卷子给我爸爸，让我爸爸来签，他才是最能代表这个家庭的家长啊！"

对于这个"巴黎的怪人"，他的老师无奈地对欧皮克上校说道："如果你儿子考试名次下降一点，那早就被校长开除了。"四年后，15岁的波德莱尔随着父亲回到了巴黎继续上中学。

和在里昂时一样，波德莱尔在老师眼里还是那么才华横溢但是不守纪律，有着青春期特有的叛逆和不恭。显然巴黎那些古板的老师们不会像里昂的老师们一样继续纵容波德莱尔了。虽然老师们都在称赞波德莱尔拥有着"超人的天赋"，但是最终波德莱尔因为拒绝交出上课时和同学传递的小纸条而被开除。

对此，波德莱尔沮丧地对母亲说道："我学习还不错，名次也可以，就是喜欢问老师一些问题，可是为什么非要开除我呢？就是因为我问的问题老师回答不上来么？"

在当时，波德莱尔所在的中学里有一位负责教务的副校长，平日里对波德莱尔十分严厉，在日后被波德莱尔戏谑地称之为"我一生之中第一个敌人"。他在给母亲的信中说道："这位副校长因为嫌弃我在图画课上不好好画画而把我赶出校门，以后我也就经常当着人讽刺他，所以他十分恨我。当时他对我说我这三年以来一直在借故烦他，他会要求学校对我进行严格的惩罚。"

对于和这位副校长之间的矛盾，波德莱尔在之后曾经向人说起过。他用诗歌的形式描述了他和副校长之间的一次争吵：

学生：嗨，邻座的，把你的拉丁文作业借给我抄抄。

副校长：先生，罚你站半小时。

学生：啊，这个混蛋！

副校长：先生，你如果还敢在那里嘀咕，应该加倍罚站！

学生：我没……

副校长：先生，请你立刻去站着！

"这个副校长总是让我在这么冷的天气罚站，所谓罚站，就是像一座雕像一样贴在墙上或者靠在树上，并且要我一动不动"，这个副校长，一直是波德莱尔一生所诅咒的对象。

在这一段时间内，少年的波德莱尔虽然表现出了自己桀骜不驯的个性，但是总的来说还是一个好学生。虽然成绩优秀，但是老师大多不喜欢这种不遵守秩序的学生。

也许波德莱尔少年时期就是他一生的缩影，虽然才华横溢，但是却不被世俗的"秩序"所接受。到了最后，波德莱尔因为和同学传纸条，被发现后拒绝交出并且"将纸条吞进了肚子里"而被学校开除。有意思的是，缴获这张"邪恶小纸条"的，正是波德莱尔"第一位敌人"，也就是那位副校长。

波德莱尔这段时间和继父欧皮克上校的关系非常好，甚至在波德莱尔因为"邪恶小纸条"的事情被开除后，欧皮克上校并没有生这位继子的气，而是对欧皮克夫人说："儿子好样的，他保证了对于朋友的忠诚！"

在波德莱尔给欧皮克上校的信中，也可以感受到正在加深的父子之情："您曾经答应带我一起去学习打枪，带我去公园玩旋转木马。如果不让您为难的话我就提出另外的要求，我希望您能给我请一个家教来教我哲学知识。"通过这封信，可以看出父子二人在当时是很融洽的。

后来波德莱尔被继父转送到另外一所寄宿学校，这一段时光，也被波德莱尔称之为"学生时代最美好的时光"。当时有很多学生住在宿舍里，虽然这所住宿学校的管理十分严格，但是对于波德莱尔和他的同学们来说，这不成问题。

根据波德莱尔回忆，那时他们"有很多办法去躲避学校的管理制度"。在寝室里，大家的生活也很快乐，"他们会在教室里围捕猫，甚至在寝室裸体高唱意大利歌剧。"波德莱尔戏谑地说道：

"我在里面唱得最好！"

在这一段时光里，波德莱尔还拥有了自己第一份爱情，虽然从波德莱尔以后的只言片语中可以确认，这只不过是波德莱尔的一场单相思而已。但是这第一次萌动的爱情却让他十分难忘。甚至在他成名之后，他还把写给女孩的一首诗发表了出来：

> 那是一位十分温柔和善良的女孩，
>
> 对所有爱她的人都善良而且温顺。
>
> 两个人一起跑到百合花下去玩耍，
>
> 气喘吁吁地互相追跑，在跑累了之后，
>
> 她靠在他低下的肩上，
>
> 他伸手搂住她的肩膀。
>
> 他们一起回家，快乐的春风啊！
>
> 将棕色和金黄色的头发尽情绞在了一起！

虽然这首诗相比诗人以后的作品显得十分幼稚，但是这确是让人感动的几行诗句。在读完波德莱尔那些充满着对于肉欲罪恶直白描写的诗歌之后，这首诗歌让人心中一动……

虽然在寄宿学校里的时光十分轻松和难忘，但是波德莱尔的心已经完全不在学习上了，而是在"如饥似渴地阅读诗歌"。所以在毕业考试的时候波德莱尔犯难了，因为长时间的专心阅读诗歌和文学著作，他的成绩已经难以通过学校的毕业考试。

在这种迫不得已的情况下，一生向世俗和秩序进行挑战的波德莱尔不得不和社会妥协了一次，他以后在友人间交谈时，谈及此事时曾经暗示，这次考试是他和考官家里的保姆暗中做了手脚。

在学生这一阶段，波德莱尔对于文学产生了巨大的兴趣，特别是对于巴尔扎克的作品更加地推崇。在他19岁的时候，甚至还向雨果写信，请求和这位伟大的文学家见面。

这位少年在信中写道："您的作品让我完全着迷，所以我特别希望见到您这位伟大的作家。我现在还是一个学生，所以我这样做可能不合时宜，但是我希望您能因此可以对我这个年轻的读者宽容一些。我真诚地盼望能够见到您。"

3. 浪漫的青年

父亲去世后这一段少年时光，波德莱尔无疑是孤独的。就如同他自己所说："尽管有家，我还是自幼就感到孤独，而且常常是身处同学之间感到命中注定永远孤独。"

所以，虽然继父和母亲一直在关注着波德莱尔的成长，但是波德莱尔仿佛从小就注定有着对于世俗的忧郁，并没有像普通少年一样经历过青春那种单纯的快乐和幸福，也正是这种忧郁，铸造了波德莱尔这个伟大的诗人的灵魂。

中学毕业以后，波德莱尔面临着人生第一个转折，那就是对于职业的选择。"阿尔萨斯大兵"欧皮克上校希望波德莱尔能够进入外交界，当一个优雅高贵的外交官，或者进入法律学校，做一个能够在法庭上发表精彩辩论的律师。但是令欧皮克上校夫妇惊讶的是，波德莱尔已经选择好了自己今后的人生轨道：当一名伟大的作家。

　　波德莱尔的作家梦对于欧皮克上校来说是个十分惊人的决定，因为当时在资产阶级和贵族眼里，作家和艺术家一向是一种十分卑微的职业，只是靠着摇头摆尾的乞怜为生，是"没有尊严的人才会选择的职业"。所以对于欧皮克上校夫妇来说，波德莱尔要当作家的决定不仅仅是一种个性，甚至已经成为了一种背叛。在他们的眼中，自己的儿子选择当作家，就如同国王选择当乞丐一样。

　　但是波德莱尔注定要做世俗世界的叛逆。在他离开中学后，欧皮克上校安排继子在一所法律学校注册入学，但是波德莱尔并没有真的去学校上课，而是开始大量阅读图书，出入各个酒吧和咖啡厅，在街上和妓女们放荡地调情逗笑，享受自己心中那种"自由的生活。"

　　对此，欧皮克上校夫妇感到十分绝望，就像波德莱尔的母亲在二十余年后回忆时说的那样："当夏尔拒绝了我们为他所做的一切，梦想着自己飞翔，成为作家。说实话，当时我们都惊呆了，那是我们一生幸福的生活历程中最痛苦的悲哀，最伤心的悲哀！我们当时体会到了绝望的滋味，那真是不堪回首的一天！"

　　这个时候波德莱尔的继父已经成为了一名将军，所以他再也无法忍受这个继子的特立独行，决定尽自己的力量去改变这一切。当时贵族子弟时兴出游，就如同达尔文、培根等人一样，欧皮克将军夫妇想让波德莱尔"换一换环境"，试图以这种方式让自己的儿子能够走向自己心中"正轨的生活"。

　　于是在1841年，20岁的波德莱尔在父母的安排下，从波尔多港登上了南海号邮轮，开始了长达十八个月的长途旅行。

　　南海号邮轮计划的目的地是印度的加尔各答，但是对于年轻的波德莱尔来说，这次旅行并没有带给他很大的兴趣。因为明白继父欧皮克将军试图让他放弃作家梦想的目的，所以波德莱尔在这艘船上一直郁郁寡欢，整日埋头苦读巴尔扎克和雨果的文学作品。当然，除此以外他确实无事可做，船上的水手和来自商界的旅客也不喜欢这个整天满口文学的"怪异青年"。

因为对于书的挚爱，波德莱尔在南海号旅行中差点付出了生命的代价。当时南海号在达波旁岛停靠，这里水势十分汹涌，人们上岸和上船都需要经过一个悬空的软梯。乘客们在上船时都被告知，需要双手抓紧软梯，但是波德莱尔却固执地在手臂之中夹着一本书。只有一只手的他因而被水流打到，掉进了海里。

波德莱尔落水后，旁边的人急忙把他捞了出来。但是更让大家惊讶的事情发生了，波德莱尔落水被救后，手臂里竟然还夹着那本书！而且，在抖了抖身上的海水之后，波德莱尔"又开始双手夹书登上软梯"！

另外，波德莱尔过于独特的性格也让其他旅客感到不适。根据船长写给欧皮克将军信中说到的："有一次一位女士在那里吃生蚝，波德莱尔先生就在一旁说着生蚝里充满着沙子和粪便等令人感到不适的语言，这位女士的丈夫差点把波德莱尔先生扔下船去。"

南海号邮轮的旅行还没有进行到一半，船长已经开始说服欧皮克将军放弃："从我们离开法国的那一刻起，我们大家已经非常清楚地看出，我们大家已经没有任何办法来改变波德莱尔先生对于文学这一唯一爱好，以及他不愿意从事其他任何职业的决心。另外，波德莱尔先生和船上的人们无法友善相处。所以将军阁下，我不得不告诉您，我无法完成您的预想，但我坚信已经没有别的办法。"

收到这封信的欧皮克将军只得无奈地同意波德莱尔下船回国，于是波德莱尔在中途的毛里求斯就迫不及待地下船赶回法国。

这一次不成功的旅行一共花费了九个月的时间，波德莱尔在21岁的时候回到了巴黎。虽然波德莱尔对于这次旅行表现出了厌倦，但是就如同他自己所说的那样，这次不成功的旅行却开阔了他的眼界，给他带来了无尽的创作财富。就如同他在诗作中写到的那样：

闭上双眼，在炎热的秋夜，

我闻着你乳房的香味，

我看到幸福的海岸在延伸，

被太阳单调的烈火照得发亮……

在波德莱尔回到巴黎之后，他和继父欧皮克将军的关系已经开始急剧恶化。这个继父虽然为这个儿子付出了很多，对于他的人生也提供了巨大的帮助，但是却无法融入波德莱尔那叛逆和桀骜不驯的心里。也许在波德莱尔心中，只有牵着自己的手给自己讲故事的那个白发苍苍的老人才是自己的父亲。

欧皮克将军给予继子波德莱尔的关心更像是一种束缚，束缚着波德莱尔那颗火热的内心，于是已经成年的波德莱尔带着父亲留给他的十万金法郎的遗产离开了这个家庭。

在离开家庭之后，由于缺少了欧皮克将军的束缚，波德莱尔开始了人生传奇的一段：挥金如土的放荡生活。在日后，这一段时光被他自己称为"人生最为愉快和自由的时光，灵魂也得到了解放"。

他首先住进了豪华奢侈的皮莫丹旅馆，整日在城里和那些文学青年的朋友们相聚滥饮，开始了吸毒，十万金法郎也被他挥霍殆尽。也正是这个时候，波德莱尔开始了真正的诗歌生涯，如同巴尔扎克所说的那样，波德莱尔已经成为了"年轻诗人们的希望"。

在波德莱尔放纵自己的这段时光中，法国诗歌界乃至整个文学界开始了最为热闹和繁荣的一段时光：巴尔扎克、邦威尔、贝特朗等人相继进入了创作生涯的高潮时期。但是波德莱尔在这种繁华的背后，却看到了这些正统文学界所充斥着的"粉饰和矫情的无病呻吟"。波德莱尔对此感到了厌恶，由此他也开始被正统诗人们称为"独特的诗人"。

波德莱尔的代表作《恶之花》在这个时期已经大量被创作出来，但是却一直没有成书出版。在十二年后这本诗集出版的时候，波德莱尔给朋友说过，其实在出版前自己对于这个诗集一个字都没有改动，因为当时"自己写的东西在思想和风格上已经定型和成熟了"。

但这是十二年以后的事情了，当时年轻的波德莱尔并没有意识到自己作品的价值，也没有发表过一篇诗歌，而是在放荡生活的同时暗中积累着作品，不停地在磨炼自己的文笔。

在这放荡的两年内，波德莱尔这两年的"鬼混时期"，父亲留给他的财产已经被他挥霍了一大半。其中，波德莱尔在没有欠条的情况下，借给了很多朋友共计5000法郎，这5000法郎在当时基本上可以买上200英亩良田。另外，波德莱尔甚至还用2000法郎为一位妓女赎身，但第二天这个妓女就"消失在视线中了"。

除了借出了大量无法收回的债务以外，波德莱尔还花了很多钱去买了一些艺术品，但是直到波德莱尔死后，人们才发现这些艺术品都是赝品。就如同他母亲欧皮克将军夫人所说的那样："夏尔被骗了，但是他却不告诉我们，因为他接受不了一个艺术家买了赝品所可能带来的嘲笑。"

为了阻止波德莱尔继续挥霍已经所剩不多的财产，欧皮克将军夫妇决定召开一次正式的家庭会议，通过这次会议为波德莱尔找一位监护人，替波德莱尔来照顾和安排他从父亲那里继承的财产。

在欧皮克将军夫妇、波德莱尔、民事法官和少年律师的参加下，这次家庭会议最后达成决议：为了避免波德莱尔的财产被自己挥金如土的生活挥霍殆尽，决定为波德莱尔确立昂塞尔为监护人。同时还规定，在波德莱尔以后的生活中，如果没有监护人昂塞尔的同意，波德莱尔任何民事财产行为都属于无效。

昂塞尔是一位巴黎的商人，也是欧皮克将军的好友，在此后，他十分尽力地担负起了波德莱尔监护人的责任。对于为何不确立欧皮克将军夫妇中的一人为监护人，那是因为欧皮克将军认为自己没有时间，而且波德莱尔的母亲"面对儿子的时候，由于母亲的天性必然会心软"。

在这次会议之后，监护人昂塞尔每个月只给波德莱尔二百法郎的生活费，这对波德莱尔无疑是一次沉重的打击。他平时的那些朋友也突然不知踪影了，波德莱尔在日后说："这些朋友在我有钱的时候一直奉承着我，当他们知道我没有钱后，这些人就无影无踪了。可以说他们像吸血鬼一样，在榨干我的血液以后离开。"

没有了钱，波德莱尔自然无法再继续自己的浪子生活了，为了自己的生存，他不得不开始进行写作。和原来为了爱好而写作不同，这次是为了生活而写作。

这种生活对于浪荡惯了的波德莱尔来说十分痛苦，因为他不想迎合书商去写那些迎合大众口味的文字，很多以后收录在《恶之花》中的经典诗作却在当时被编辑们无情地拒绝了。

在这种近乎绝望的情况下，波德莱尔想到了自杀来解脱。那是在1845年的6月30日，波德莱尔先是给了那个指定财产监护人一封措辞严厉的信，上面写道："我自杀是因为我自认为是不朽的，而且我真的盼望上天能给我这个能力。"

"您现在可能已经会明白了，我的遗嘱并非是为了反对社会观念和家庭观念而吹牛或者挑战，而只是我心中还留下一点人性的自然流露。"

从这封信中可以看出波德莱尔心中的那种痛苦和绝望。但是上天好像不想让这个才华横溢的诗人过早地离开这个让他痛苦的世俗社会。波德莱尔并没有升上天堂，而是继续像折翼的天使一样，身在人间而仰望天堂。

对于这次不成功的自杀，波德莱尔曾经戏谑地向朋友说道："你想想，人们只是爱喝勃艮第红酒，而我呢？而我却只能接受波尔多的红酒。更令人痛苦的是他们却在不停地逼我喝勃艮第红酒，这是令人无法忍受的，所以我就想离开，就是这样！"

在自杀的伤情痊愈后，波德莱尔的母亲想把他接回家中，但是波德莱尔拒绝了。波德莱尔住进了巴黎有名的拉丁贫民窟，开始了自己穷文人的生活，也跨上了成为一个不朽诗人的艰难旅程。

在从家中离开的时候，波德莱尔留给母亲了一封信，上面不无伤感地写道："我要走了，而且只会在我有了精神和金钱上都更合适的处境的时候，我才能够重新出现在您面前。我所做的离开的决定是非常坚决、彻底，而且是经过十分理性的思考的，所以请您不要抱怨，应该理解我现在所做出的这个决定，或许这个决定是我一生中所做出的最重要的决定。"

对于出走的理由，波德莱尔向母亲写道："首先，我已经坠入了一种十分可怕的阴郁和沉闷的状态之中，需要用一种与世隔绝的绝对孤独来重新找回自己。找回自己的力量。其次，我实在无法按照您丈夫欧皮克先生的要求，去做他所喜欢但是我十分厌恶的事情。"

在最后，他还把矛头指向了继父欧皮克将军，他写道："我认为如果您的丈夫在今后的日子里还是这样对待我的话，我的日子会过得十分艰苦，我不敢想象自己能度过这种生活。"

第二章　艺术的道路

1. 诗人的女人

可以说，波德莱尔这位伟大诗人在离开继父以及母亲之后，开始了自己真正"自由自在的生活"。虽然中间有过穷困潦倒，但是却是他一生中最优秀作品的诞生期。也就是在这一段时间内，波德莱尔遇到了自己一生中最重要的一个女人，那就是让娜·杜瓦尔。

根据波德莱尔的朋友回忆，让娜是一个"不是太黑，不是太漂亮的混血儿，有着卷曲的头发，个子很高，走起路来显得十分笨拙。在这个女人身上有着一种难以言明的高雅，但是骨子里却有着令人着迷的野性"。

事实上，我们现在除了知道让娜是一位混血女人以外，对她和波德莱尔相遇之前的情况几乎是一无所知，波德莱尔自己对于这个女人就有过勒梅尔小姐或夫人、让娜·杜瓦尔小姐、让娜·普洛斯佩尔、杜瓦尔夫人等数个称呼。

在波德莱尔的诗歌日益被后人所知晓的时候，有些学者甚至还专门查找了这位混血女子的出生证明和就医档案，但却一无所获。可以说，让娜这个带给波德莱尔一生巨大影响的女子仍然只留给我们后人一丝神秘的背影。根据现在我们对于波德莱尔的了解，只能肯定这位混血女子让娜在结识波德莱尔之前以"贝尔特"的名字在一家剧院里表演龙套。

虽然我们现在已经无从知晓波德莱尔和让娜是如何相识的，但是我们可以明显感觉到，这位"黑色维纳斯"在波德莱尔一生中起到了巨大的影响。可以说，正是这个神秘的混血女子带给了波德莱尔《恶之花》中那些混杂着灵魂、肉体、希望、绝望的诗篇：

　　您，我的天使和激情！

　　是的，您将如此，哦，优美之女王，

　　领过临终圣礼之后，

　　当您步入草底和花下的辰光，

　　在累累白骨间腐朽。

　　那时，我的美人啊，告诉那些蛆，

　　接吻似的把您啃噬：

　　你的爱虽已解体，但我却记住

　　其形式和神圣本质！

　　让娜这位女子更融入了波德莱尔的生活之中，影响了波德莱尔并不长的整个生命历程，并且对于波德莱尔产生了极大的影响。在他们两个人所度过的时间内，他们有过幸福的生活，也有着因为穷困潦倒所引起的争吵。

　　可以说，这位女子让波德莱尔这位有名的"浪子"真正感受到了作为男人的责任，通过一起生活时所产生的幸福或者苦恼给予了波德莱尔真正的爱情。

　　在从剧院的后台结识让娜这位混血舞女之前，波德莱尔在享受"自由自在"生活的同时，遇到了他昵称为"卢谢特"的莎拉。我们现在知道，让娜是波德莱尔在不成功的环球旅行之后所认识的，在此之前，波德莱尔最为迷恋的就是这位名为莎拉的犹太女子。

　　虽然现在不知道波德莱尔和莎拉这次短暂恋爱的详情，但是根据波德莱尔和莎拉恋爱持续的时间来看，这次恋爱是不成功的，也许波德莱尔那句"有一天晚上，一个可怕的犹太女人和我在一起"能给我们提供一些佐证。

除了带给波德莱尔并不甜蜜的回忆以外，莎拉这位女人还带给了波德莱尔一生都无法消除的影响，那就是性病，首先是淋病，然后就是梅毒。

波德莱尔为了治疗因为"自由自在"生活所带来的后果，不得不去了一家位于巴黎贫民区附近的小诊所。这家诊所的医生信誓旦旦地保证波德莱尔不需要去医院进行治疗，只需要服用他所"发明"的一种软糖药剂，还有一种在太阳下暴晒一天的泉水就可以治愈梅毒。

虽然现在不知道波德莱尔服用了这些药剂和"暴晒的泉水"后会有什么反应，但是从数年后的屡次复发来看，这次治疗无疑是不成功的。对于这次治疗，波德莱尔在以后无奈地说道："晒后泉水的味道还真是不一样。"

虽然我们现在没有很直接的资料去了解波德莱尔的病情，但是我们可以通过他的一些信件看出一些端倪。波德莱尔在第戎小住的时候，在给母亲的信中提到"梅毒又开始犯了"。没过两个月，忽然又"暂时缓和了"。虽然此时梅毒病症正在折磨着波德莱尔，但是他还是坚信自己的病症是可以治愈的，就如他和友人的信中所提到的"得过梅毒是可以治愈，而且治愈后会使得自己更加年轻"。

此时，波德莱尔的母亲——欧皮克夫人对于儿子的病症感到十分担心。这时候波德莱尔对于梅毒仍然保持乐观，他在给母亲的信中写道："3个月的碘化物治疗，再加上泡温泉和日光浴，这些足可以使得男人变得干净起来。这个医院的环境还可以，可以每天泡温泉，有着舒适的环境和美丽的花园，我还可以在这里写作。我相信在这种环境和治疗下，我一定会恢复健康的。"

虽然这次波德莱尔对于梅毒的治愈十分具有信心，但是在1860年的时候，波德莱尔给友人的长信中说道，他的梅毒又复发了，并且晚期梅毒所带来的并发症正在折磨着他并不健壮的身体。

对于自己的疾病，波德莱尔还曾经在自己的文章中戏谑地写道："当年轻的作者第一次发表文章的时候，就如同得了第二次梅毒的小男孩一样自豪。"虽然这些文字仍然风趣，但是却可以看到戏谑背后的无奈。

直到波德莱尔生命最后几年，他才真正意识到了这种疾病的可怕，因为经过了几次复发和无数次的治疗，波德莱尔意识到梅毒可能是无法治愈的了。在波德莱尔临终前，晚期梅毒的并发症，比如脊髓结核和败血症，还有诗人那无节制的饮酒一起导致了中风，并且引起了诗人半身瘫痪和死亡。

更为可悲的是，晚期梅毒已经侵犯了波德莱尔的脑部，使得这位伟大的诗人失语。

2. 灵魂的征程

在离开继父和母亲以后，波德莱尔在巴黎拉丁贫民区巴比伦街和让娜开始一起生活。这位伟大的诗人也从此开始自己在文坛的征程，用自己那孤单的灵魂开始和整个现实世界相抗衡。

在波德莱尔那次自杀之前，曾经出版过一本《1845年的沙龙》一书，主要是对于美术作品进行美评，发行量很小，也没有引起社会的关注。在这本《1845年的沙龙》中，波德莱尔对于浪漫派画家德拉克洛瓦给予了极高的评价，称他为"过去和现在最有独创性的画家"。

这部美学评论作品的诞生，标志着波德莱尔正式进入了文坛领域。但是由于这部美学评论作品在当时"正统"的评论家眼里十分的"缺乏个性"，所以波德莱尔没有获得他所期盼的成功。也正是因为如此，在对于监护人的恼怒和自己作品不被肯定，还有自己和继父欧皮克将军之间矛盾恶化等多种原因之下，波德莱尔选择了割腕。

值得庆幸的是，天才永远不会被世俗的眼光所掩埋。波德莱尔在《1845年的沙龙》没有获得肯定的情况下，依然埋头于自己的文学世界。在一年后的1846年，卢浮宫举行了一年一次的画展沙龙，波德莱尔的第二部美学评论《1846年的沙龙》随之出版。

可以说，这本《1846年的沙龙》标志着波德莱尔正式进入了世界文坛的舞台，在这个舞台之上，波德莱尔用自己并不长的生命旅程画出令人惊叹的篇章，即使到了100多年后的今天，还是显得那么的迷人。

相比于《1845年的沙龙》来说，《1846年的沙龙》内的文章更加成熟，从字里行间可以清楚地看出波德莱尔自身思维的成熟，也正是因为此书，波德莱尔才开始慢慢被世人所熟知。值得一提的是，波德莱尔在这本书的题献中写道："这本具有崇高美学价值的书，是献给资产阶级的。"

这行题献和波德莱尔本人一样，充满着桀骜不驯的气息，对于这句话内在含义的诠释一直存在着很大的争议。有人认为那是波德莱尔对资产阶级尖刻的讽刺，有人认为那是波德莱尔低下自己高傲的头颅向世俗社会的妥协，或许诗人在两年后的1848年参加法国大革命的举动给了世人答案。

在《1846年的沙龙》取得一定的成功之后，波德莱尔发现了艾伦·坡的文字，浪漫而奇异的文字使得波德莱尔和这位未曾谋面的作家产生了奇妙的共鸣。根据波德莱尔的友人回忆，波德莱尔是在一本名为《和平民主》的杂志里读到了一位英国女翻译家所翻译成法文的爱伦·坡作品《黑猫》，从此便对这位美国作家产生了"着魔的痴迷"。

波德莱尔对于爱伦·坡的文章推崇至极，文学家阿瑟利诺是波德莱尔的朋友，对此他写道："不管波德莱尔身在何处，在街上或者咖啡屋中，也不论身处何时，在早上还是晚上，他都会着魔似的向他遇到的所有人问道：'您知道爱伦·坡么？'接着他就会滔滔不绝地开始对于爱伦·坡发表自己的看法。"

如果有人表示不知道爱伦·坡，或者表示不感兴趣的时候，波德莱尔就会十分生气，如同阿瑟利诺所说："如果有人问他，爱伦·坡是什么东西？他就会立马向人背诵《黑猫》全文，并且说道，这是多么伟大的文字啊！然后咬着牙说，这么一位伟大的作家您竟然不知道？"

波德莱尔对于爱伦·坡的痴迷在当时来讲是令人惊讶的，因为爱伦·坡的作品此时在美国正在作为"邪恶而反动"的文学遭受着批判。但是对于波德莱尔来说，他在这位美国作家的作品中看到了一些属于自己的东西。

在接触到了爱伦·坡以后，波德莱尔发疯一样寻找着这位美国作家的作品，甚至当一些书店老板表示从未听说过爱伦·坡的时候，波德莱尔会勃然大怒，他认为："一个不了解爱伦·坡的人是怎么活下去的？"

有一次波德莱尔听说一位来自美国的作家见过爱伦·坡，他立马找到了这位作家，并且对这位可怜的美国作家进行了"有关爱伦·坡无休止的盘问"。

但是让狂热的追捧爱伦·坡的波德莱尔感到失望的是，这位美国作家对于爱伦·坡并不欣赏，甚至向波德莱尔形容爱伦·坡为"一个思维奇怪的家伙"。波德莱尔在告别这位美国作家后把自己的礼帽往地上一摔，说道："这个人根本不知道什么是文学，只是一个美国佬而已！"

友人们对于波德莱尔如此狂热地喜爱爱伦·坡感到十分不解。对此，波德莱尔的解释是："爱伦·坡完美地写出了我脑中那些模糊而且没有成型的的诗篇和散文，他写出了我的灵魂。"

从波德莱尔第一次看到爱伦·坡的《黑猫》之后，便开始一直翻译爱伦·坡的著作。终波德莱尔一生，都在不停地翻译爱伦·坡的著作，甚至在出版自己的《恶之花》诗集的时候，也没有停止翻译。

在首先看到并且翻译了爱伦·坡的作品《黑猫》之后，波德莱尔分别翻译了《奇异故事》《新奇异故事》《皮姆历险记》《我找到了！》等一系列的作品。

一直到十几年后的1865年译文集《好笑和严肃的故事》才把爱伦·坡的大部分著作翻译完毕。在这些译作之中，波德莱尔翻译爱伦·坡经典的《皮姆历险记》最为成功，使得波德莱尔在当时的法国文坛获得了极大的声誉。

　　在这一段时间里，波德莱尔除了翻译爱伦·坡的作品外，经常去拜访画家库贝尔。库贝尔是当时在法国画坛崭露头角的年轻作家，和波德莱尔十分投机，两人经常彻夜而谈。

　　人们印象中那幅波德莱尔的侧面肖像画就是出自库贝尔之手。在这幅肖像画中，波德莱尔没有那标志性的杂乱长发，也没有山羊胡，而是靠在一个简单的书桌边读书，充分地显示出波德莱尔的诗人气质。

　　在库贝尔的印象之中，波德莱尔当时头发"剃得非常短，而且具有十分美丽的黑色，如同深夜的夜空一样让人感觉到广袤和无边。他身上穿着一件稍显破旧的短的黑上衣，这件衣服波德莱尔的身上轻松地披着，就如同包裹着一个伟大灵魂的光环"。

　　波德莱尔自己对于库贝尔的这幅肖像画也感到十分满意，此后自画像中也是波德莱尔模仿库贝尔的画风来描绘的。

　　这一段时间内，波德莱尔一直被穷困潦倒所折磨着，欧皮克将军禁止波德莱尔的母亲去看这位"跟什么人都接触的浪荡公子"，而波德莱尔却相对更加加深了自己玩世不恭的一面。

　　伴随着玩世不恭而来的，就是诗人自己贫困的生活，他甚至不得不写信向母亲索要钱财来买一些灯具、木炭等必需品。在这封信之中，波德莱尔甚至说道："我感到绝望！我现在处在一种什么样的困境之中啊！"

　　当然，由于继父欧皮克将军的缘故，波德莱尔也觉得向母亲要钱渡过苦难并不合适，就如同他在信中所说的那样："为了再次拿起笔来向您求助，这对我来说需要付出多少艰难的努力啊！"

　　在信中，诗人甚至发现了自己一贯的骄傲而用乞怜的语气向自己的母亲说道："我现在双手合十向您请求，因为我实在已经到了极限，不仅仅是别人对我态度的极限，甚至已经到了我对自己的极限。"

　　因为害怕母亲因为自己的陋习而不予资助，波德莱尔在信中无奈地写道："哪怕这封信会使您十分的痛苦，哪怕您并不相信这最后一次对我的帮助是否会起到作用，但是我坚信自己的意志力，如果给我二十天有规律的生活，那么我的智慧就会被拯救。这对于我自己来说是最后一次尝试性的赌博，我亲爱的母亲，求求您面对这一次未知的冒险吧！"

　　从字里行间我们可以看出，波德莱尔对于生活的绝望，就如同在这封信中他跟母亲说到的那样"我可能会再次自杀"。

　　或许向母亲提到的自杀只是一个儿子给母亲的威胁之词，但是波德莱尔对于这种无休止的贫困潦倒确实感到厌倦了。他在信中提及，他要去毛里求斯，找一个没有债主的地方去写出自己"纯想象的伟大小说"，再不济也可以在那里找个家庭教师之类的职业。

　　在波德莱尔穷困潦倒的这一段时间，他原先的一些"好朋友"相继离他而去，他在给母亲的信中不无悲伤地写道："我现在确实很需要钱，我找到了一个四年前我经常借给他钱的朋友，当时我借钱给他时还有父亲的遗产，但是我现在找不到他了，他没有守约。"

也许正是这些所谓"朋友"们的所作所为，不仅带给了诗人很大的伤害，更为重要的是这些伤害使得波德莱尔更加看透了人世间的丑恶。对自己的这种处境，波德莱尔也感到十分悲哀，他哀叹道："明天我该怎么办？"

波德莱尔在这一段时光内，面临的不仅仅是贫困，一些债主也开始了追债。因为这些债主，他不敢回到位于巴黎拉丁贫民区的住所内，只好在小旅店之间游荡栖身，或者去让娜的家中，甚至会躲到欧皮克将军夫妇家躲上一夜。

根据他的友人所说，这段时间内，波德莱尔一直是在咖啡馆和街上的石凳上写诗。这一段时间波德莱尔所创作的诗歌受到了现实环境的极大影响：

沿着古老的城郊……

到每个不起眼的角落去寻找偶然的韵脚，

在词汇上跟跄地跑，

正如在路石上跟跄地跑，

有时居然会撞上长时间梦想的诗句。

这首诗或许是波德莱尔为了躲债在城中游荡时所作的，这时候的诗人，也许真的是百感交集吧！在这段躲债的日子里，波德莱尔经常会泡在咖啡馆中，在咖啡馆喧闹的环境之中创作着诗歌。因为身无分文，波德莱尔甚至会让咖啡馆中的同伴请他吃饭。

当然，在这段时光里，伴随波德莱尔的不仅仅是贫困，还有他与生俱来的桀骜不驯，甚至还跟友人巴尔泰闹出了一场"决斗"。

当时波德莱尔、巴尔泰和很多友人一起在咖啡馆里聚会交谈，不知为何巴尔泰对波德莱尔进行了"道德上的猛烈攻击"。波德莱尔也不甘示弱地还之以"身体上的侮辱",巴尔泰随之给了波德莱尔一耳光。虽然这件事情在朋友的劝阻下不了了之,但是仍显示出波德莱尔那特立独行的风格。

不仅如此,波德莱尔的个性也给他造成了很多的苦难,很多人都认为诗人十分不懂人情。杜篷曾经回忆道:"波德莱尔十分喜欢追问别人问题,而且喜欢追问不舍,用非常直白的语言让他们接受自己的所有评论、看法和要求。一直到最后,被追问的人会忍无可忍地骂他一通。"

杜篷举例说,有一次波德莱尔"陪他吃晚饭"的时候,他一直在追问老板:先生,您做菜的油是不是新鲜的?您的酒好不好啊?这些问题经常使得店老板和波德莱尔吵架,但是他仍然乐此不疲,会带着胜利般的神态离开饭店。

行为独特、不讲礼貌、对人时好时坏,波德莱尔这位伟大的诗人就如同被上帝宠惯了的天使一样,这也许就是波德莱尔的魅力所在。

在无数徒有虚名的 诗人被时间洗尽身上的光辉之后,只有波德莱尔那忧郁的眼神,一直在注视着这个让他痛苦的人间。或许对于波德莱尔来说,他已经看透了人间,天堂才是他最好的归宿。

3. 诗人的转变

波德莱尔不论出生还是成长,都处于十分优越的环境之下,所以在这种情况之下，波德莱尔对于弱者的同情和理解就显得更为难得。就如同自己的诗篇一样，波德莱尔具有与生俱来的浪漫主义情怀，对于乌托邦这种美好的向往有着热情的追求。正是在这种情怀的影响之下，波德莱尔十分盼望着社会能够达到整体平和的状态，如同傅里叶所说的那样，成为一个有机的整体。

但是在当时资产阶级的统治之下，整个法国社会就如同盖着盖子的火山，随时可能会发生灾难性的喷发。此时，波德莱尔的观念越发从一个民主主义者向着社会主义者转变。

波德莱尔的友人，同时也是法国著名作家的杜篷在1846年所创作的描写工人阶级运动的作品《工人之歌》也被波德莱尔称之为"花的语言"，并且说这部《工人之歌》使他深深感受到了"伟大的痛苦和忧郁"。

在这部《工人之歌》中，杜篷深刻地描写了工人阶级的悲惨生活："他们呼吸着工厂内肆虐的尘土，吞吃着漂浮在空气中的棉花纤维，浸泡在水银和其他工业毒药之中。在这些工人所生活的街道之中，人间最卑微和最伟大的谦让和道德被最残忍的罪恶所奴役着。当我看到这些人们的时候，我不得不从心中赞叹，我们世界上所有奇妙的事物都是出之于他们啊！"

相信杜篷的这部作品引起了波德莱尔的共鸣，就如同他在自己的作品《1846年的沙龙》中所写到的那样："当你们看到一位我们的警察或者军人训斥着一位共和思想者，你们会不会心中感到喜悦？你训斥的是一位玫瑰和奢侈香水的敌人，一位憎恨奢侈生活和腐朽的人。他不想再工作了，不再做卑微的工人，不再为奢侈生活和腐朽的人工作，这个无知的人竟然想要自由！"

波德莱尔生活在里昂的时候，里昂发生了反抗资产阶级的七月革命和两次里昂工人起义等运动，也正是在这时，波德莱尔心里深深地扎下了对于弱者的同情。在以后的创作生涯之中，描写底层社会群众生活悲惨一直是他的主要题材之一，在《恶之花》和《巴黎的忧郁》中都有着极大的篇幅。

这些艺术地表现底层群众悲惨生活却被那些所谓正统文学家批评为"充满邪恶肉欲"的诗句，更充满着对于现实无情的鞭挞。就如同他较为隐晦地描写二月革命前巴黎市民悲惨生活的《晨光熹微》一诗：

黎明披上红绿衣衫，瑟瑟发抖，

在寂寞的塞纳河上慢慢地走，

暗淡的巴黎，揉着惺忪的睡眼，

抓起了工具，像个辛勤的老汉。

早在跟随继父欧皮克上校在里昂的时候，波德莱尔就经历了第二次里昂的工人起义运动。里昂是法国乃至欧洲著名的工业城市，同时也是社会贫富差距十分悬殊的城市。

在城里的富人区，可以看到整洁宽敞的大街、商品琳琅满目的店铺以及穿戴讲究的行人。但是到了贫民区，看到的则是衣衫褴褛的纺织工人。他们生活在破旧不堪、四处漏雨的房子里，每天必须连续工作15个小时，而所得到的报酬仅仅能够买来一个面包。

在这种情况下，贫穷的生活使得纺织工人们走投无路，为了生存，他们开始了对于资本家的反抗。对于这种情况，工人和资本家两方开始进行谈判，最终在工人们强大的压力之下，双方达成了初步协议，规定了最低工资和最长劳动时间。

劳资双方这个初步协议达成之后，整个里昂的工人区立刻沉浸在一片欢乐的气氛中。工人们为斗争的初步胜利而欢呼。

　　但是不甘心失败的资本家们迫使政府否决这项保护工人权利的初步协议，并且决定出兵干预。当时欧皮克上校的上级，里昂驻军最高指挥官罗盖将军就公开宣称："如果工人们谁敢闹事，我就让他肚子开花。"

　　在军队和政府的支持之下，资本家们撕毁了原先和工人所达成的协议，并且将工人们的劳动时间和工资又恢复到了原来很低的水平。

　　工人对于资本家背信弃义的行为感到十分愤怒，举行了盛大的罢工游行。工人们手挽手肩并肩地走在里昂的大街上，唱着马赛曲前进。工人罢工游行遭到了反动政府军队的阻拦，对于反动政府和军队残酷的镇压，工人们开始反抗。最终这场工人维护自身权利的合法行为，在反动政府的镇压之下，演化为一场对于法国乃至整个世界都有着重要意义的工人起义。

　　在工人们的斗争之下，反动军队损失惨重不得不撤出里昂，里昂市内包括市政府等大部分地区被起义工人所占领。在夺得城市的控制权之后，工人们自发组织了起义领导机构，提高了工人的工资标准，并且规定了最长劳动时间，组织民主选举，获得了市民和工人们的拥护。

　　此时，政府在资本家们的压力之下，调集了6万大军包围了里昂。工人们在起义领导机构的带领下，和政府军进行了血战，英勇地以巷战等方式反抗着军队的镇压。但是在政府军强大的实力面前，工人们虽然浴血奋战，最终还是被军队血腥镇压下去。

当时波德莱尔所就读的学校正是里昂的工人贫民区和富人区的结合部，所以在工人运动的时候，这所学校一直处在两方争斗的中心。当时学校被工人和镇压军队轮流封锁，甚至连学校的玻璃都被流弹打碎了。学校当时陷于孤立无援的境地，师生只好自主灭火和救治伤员。根据波德莱尔同学的回忆，波德莱尔在自救活动之中，表现得十分"无畏而且努力"。

这场起义历时五天，波德莱尔和全校师生一样，被困在了这所并不大的中学之中。在工人们的起义被镇压下去之后，随之而来的就是当局对于起义工人的残酷屠杀。

根据波德莱尔日后的回忆，虽然工人们是为了自己的权益而进行正义的抗争，但是当时中学的校长和老师却一直给学生们灌输"秩序"的观点。老师们一直在告诉这些少年们，那些喊着"共和国万岁"和"生而劳动或者战斗到死"口号的悲惨工人是"凶恶的杀人犯、暴徒"。

根据波德莱尔的回忆，当时里昂的起义工人和镇压军警之间的战斗十分激烈："可怕的争斗十分恐怖地把里昂这个美丽城市变成了一片废墟。空气中满是炮弹和子弹激起的尘土，房子纷纷倒塌，所有的地方都在燃烧。经历着一次灾难，我们学校里的学生都感到了惊魂未定，都感到惊讶甚至是悲哀，我们居然在那么多遇难者中得到幸存。"

当时著名诗人玛瑟琳的一首直到1869年，也就是波德莱尔去世后才发表的诗歌写出了当时悲惨的场景：

我们这些工人已经没有了钱财去埋葬死者，

教士在那里，标出了葬礼的价格；

尸体在那里横躺，上面有被机枪扫射出的遍体弹孔。

它们在等着一块裹尸布、一个十字架，还有亲人的

哭泣。

杀戮成为了主人，胜利者吹着

他去了哪里？到国库里领取那带血的报酬。

他让多少血流了……可他的手还不肯闲着；

他不去开枪杀死路人，而是用手将他刺死。

这首诗歌发表的时候，去世的波德莱尔已经无法读到了。但是对于这首诗歌的作者玛瑟琳，波德莱尔一直带着一种崇拜，他曾经在很多文学评论文章中赞叹玛瑟琳的诗句和思想。

欧皮克上校当时作为驻防里昂法国部队中的高级军官，自然参加了对这场工人起义的武装镇压行动。也许因为欧皮克上校在这场行动中出色的表现，他在事后获得了陆军统帅部的提拔。

虽然欧皮克上校因为这次行动获得了仕途上的提拔，但是对于波德莱尔来说，欧皮克上校这位职业军人所代表的，正是他所厌恶的"社会秩序"，这也是波德莱尔为何和这位继父隔阂如此之深的原因之一。

经历过这次里昂工人起义之后，追求民主和自由的思想便深深地扎根于波德莱尔的头脑之中。在此后的诗歌创作之中，对于肉欲和黑暗社会的描绘，都表现出了对于腐朽的资产阶级统治的无情鞭挞。也许正是因此，在1848年法国二次革命之时，波德莱尔的表现就不足为奇了。

第三章　桀骜的灵魂

1. 二月革命

在1847年这一年中，法国国内形势动荡，社会矛盾不断积累，大地主和贵族不断掠夺财富，而无产阶级和小资产阶级却民不聊生。贵族阶级通过自身的政治权力，不断地扩大生产，进行市场垄断。这种贵族阶级以政权为后盾的残酷经济剥削政策使得很多城市小资产阶级纷纷破产，雇佣工人也大量失业，整个法国社会陷入了一片动荡之中。

在法国的农村，贵族、大地主、大森林主、大矿主占据了大量土地，少部分拥有土地的自耕农和小地主却面临着倾家荡产的处境。他们不仅不得不担负国家的各种苛捐杂税，还一直遭受着贵族、大地主以及大森林主等统治阶级的盘剥。

正因为统治阶级贪婪的剥削，大量自耕农破产，成为了饥民，涌入了城市。这种情况之下，整个法国社会陷入了动荡和危机的酝酿期。如同波德莱尔在《穷人之死》中写的那样：

这是神的荣耀，神秘的谷仓，

这是穷人的钱袋，古老的家乡，

这是通往那陌生天国的大门。

在这首诗歌之中，波德莱尔说对于农民而言，饿死是最好的选择，这样他们就可以通往天国和永远无尽的粮仓。可以说诗人的诗句虽然短短几个字，却富含着穷人们的血泪，被诗人用象征主义的艺术手法写了出来，描写出了当时整个法国社会的悲惨。

在法国政府的统治之下，社会矛盾不断积累，社会各阶层实行社会变革和政治改革的呼声越来越高。全国各地不断发生农村饥民暴动，城市里的工人们也纷纷罢工，举行示威游行，并同镇压的军警发生冲突。整个法国社会陷入了一种不安的恐慌之中。

法国政府在统治阶级的压力之下，采取了暴力镇压的方法，解散民众组织，逮捕民众代表，引起了法国人民的强烈不满，特别是工人和学生们因此放弃了幻想，走向了抗争的道路。

1847年2月23日，法国巴黎的工人和学生冒雨高唱《马赛曲》走向街头，开始向法国总理府游行前进，途中和镇压宪兵发生冲突，二月革命正式爆发。

在首都巴黎，二月革命的风暴极为猛烈。工人和学生们和前来镇压的军警在街头开始了激战，全市群众也开始以罢工、罢市等方式来进行声援。法国七月王朝的国王路易·菲利普企图用更换总理的办法缓和统治危机，但是法国人民还是提出了"要共和国，不要王朝"的革命口号。

在这种众叛亲离和举国不断高涨的革命运动的压力之下，法国七月王朝的皇帝路易·菲利普不得不宣布退位，并且开始流亡英国。法国群众所发起的二月革命获得胜利，法兰西第二共和国也随之诞生。

在22日法国工人和学生开始游行期间，波德莱尔正和友人在咖啡馆中悠闲地谈论着诗歌。骚动开始后，他们去了巴黎市中心的香榭丽舍大街看看"究竟发生了什么事"。

在那里，波德莱尔目睹了军警对于示威群众的血腥镇压。对于诗人和友人所目睹的情形，波德莱尔的友人图班在日后回忆道："一群手握刺刀的军人呈直线队列走向学生和工人，有一位学生被逼到了树旁，就在我们眼皮子下，这个学生的胸膛被军警用刺刀刺穿。"

波德莱尔目睹了这一惨剧，他赶快和友人试图把这位受伤的学生送到医院，但是遭到了军警们刺刀的威胁而没有成功。

在试图抢救受伤学生没有成功之后，波德莱尔又和友人跑到了《报界》编辑部，向编辑描绘了这血腥的一幕。但是最终《报界》是否刊登了波德莱尔所提供的信息，在当时已经没有人注意了。因为到了第二天，法国社会的二月革命就进入了高潮之中。

到了第二天，也就是23日，图班和几个友人在下午听说爆发了更大的游行和动荡，便出去开始打探消息。在路上他们碰到了前来镇压的第十七轻步兵师的士兵，只好绕路躲避。

此时，整个首都巴黎几乎失控，起义的工人、学生和前来镇压的军队展开了血战。仇恨在整个城市之间蔓延，人民咒骂着军警和宪兵，而军警们则开始用手中的枪托和刺刀来报复这些手无寸铁的人。

根据图班的回忆，他在游行队伍之中找到了"疯狂地高唱着《马赛曲》"的波德莱尔。在这支游行队伍之中，有工人，有农民，还有学生，手拉着手向前走去。图班和波德莱尔一起加入了游行的队伍。这支壮观的队伍一直在巴黎市内高唱着《马赛曲》游行到了日落时分，游行的队伍开始纷纷散去，波德莱尔也按照惯例，要求"陪图班一起去吃晚饭"。

在波德莱尔积极地参加二月革命这场斗争的同时，他的继父欧皮克将军时任巴黎综合工科学校的校长。

令人十分意外的，欧皮克将军这位曾经参加镇压里昂工人起义的职业军人，并没有阻止和镇压学校里学生的革命运动，而是采取了较为温和的方法去处理。在当时，这所巴黎内重要的工科学校一直是左翼思想者的聚集地，包括法国大革命在内的法国几次革命运动都能找到这所学校的影子。

在巴黎市内陷入骚乱之后，巴黎综合工科学校的学生开始在校内集合，并且开始准备参加这场声势浩大的运动。因为学校大门被封闭，所以无法上街，学生们向学校要求，请求能够见到欧皮克将军。

欧皮克将军在化学阶梯教室同学生代表们会面，学生们告诉欧皮克将军，他们准备前去，并且夹在军队和民众中间来制止双方的混战。欧皮克将军听到学生要求后，十分赞扬学生们的调解群众和军队计划。但是因为当时巴黎局势已经失控，所以出于安全考虑，他没有打开校门，仍然阻止学生们外出。

到了晚上，巴黎城内仍然是一片混乱，欧皮克将军为了防止学校受到动乱的冲击，决定成立学生哨所来保卫学校。可以肯定的是，欧皮克将军军人的果敢和勇气在这一刻体现得淋漓尽致。

他没有同意学生们走向街头，但是却保护了学校免受动乱的冲击，可以说是最大限度地保护了学校里的学生们。也正是因为欧皮克将军所做出的一切，他受到了学校全体师生的爱戴和尊敬。

在当时军人因为参加镇压活动，受到了民众们的仇视，被当作袭击和威胁的目标。作为校长的欧皮克将军，因为他的军人身份，有一次险些被学校门口的群众所枪杀，但是幸亏受到了师生们的全力保护才逃过一劫。

当时在学校的校门口，一队正在巡逻的士兵受到了民众的围攻。士兵开枪打死一名市民之后，愤怒的民众开始拿起武器进行还击，双方随之在校门口展开了激烈的枪战。在军队和民众交战的时候，欧皮克将军正在校门口巡视着学生哨所。民众看到身穿笔挺军装的欧皮克将军，误认为欧皮克将军是前来镇压军队中的军官，用枪瞄准了欧皮克将军。

这时，欧皮克将军身边的两个学生立刻制止了民众的行为，用身体护住了他们的校长欧皮克将军。虽然欧皮克将军得到了学生的保护，但是已经被仇恨冲昏头脑的民众们并不愿意放掉身穿军装的欧皮克将军。这时学校里更多的学生得到消息赶了过来，向民众大喊："这是我们的校长，是我们自己的将军！"

在学生们的压力之下，民众们放掉了欧皮克将军，但是提出一项要求，那就是要求欧皮克将军以将军的身份下令军队缴械。欧皮克将军作为一个军人，拒绝了民众这项要求。于是民众们便一直围在学校门口，叫喊着要进入学校。

欧皮克将军见状，为了避免学校和学生遭到波及，下令由学生出面收缴军人的武器。而后又命令学生一边高喊着"共和国万岁！学校万岁！"的口号，一边将军队押回兵营。

欧皮克将军在初步稳定了学校局面后，又进行了一系列的活动，比如派遣学生以中立的身份去调解军队和民众的矛盾，以及重新开课等等。

可以说，在这场动乱之中，欧皮克将军是一个中立的角色。他并没有支持哪一方，而是以一个校长的身份去保护着他的学校和学生。虽然他没有允许学生上街活动，但是仍然得到了学生们包含在"这是我们的校长，是我们自己的将军！"这句话中深深的爱戴。

由于学生们的爱戴和保护，在二月革命胜利后，作为旧军人代表的欧皮克将军并没有受到报复，而是继续担任着巴黎综合工科学校校长。在欧皮克将军全力维持学校秩序，甚至险些遭遇不测的时候，他的继子波德莱尔已经全心全意地投入了这场革命斗争之中。

对于波德莱尔来说，他在内心中看到了打破这个令自己痛苦无比的丑恶世界的希望，寄希望于通过这一次行动来改变整个社会，拯救当时日益腐朽黑暗的人心。在游行队伍之中，波德莱尔伸手高呼"共和国万岁"的时候，心中却沸腾着艺术家的热情和对于美好世界的向往：

1848年的沉醉。

这一沉醉属于什么性质？

对报复的美好。一种快乐的本性的快乐。

文学的沉醉，对一些读过书的回忆。

在2月24日，欧皮克将军正在巴黎综合工科学校努力保护学校和学生安全的时候，波德莱尔已经拿起武器，走上了街头。波德莱尔的友人图班在街上碰到了波德莱尔。

图班回忆道："当我们看到波德莱尔时，他正趴在一个齐腰高的堡垒后面，手里握着一杆崭新的猎枪，随时准备着开火。"波德莱尔看到了友人图班之后，高兴地向他说道："我刚才为了共和国开了一枪！"而且还有那句有名的："我们要去枪毙欧皮克将军！"

"我们要去枪毙欧皮克将军"这不仅仅是一种政治观点，也不是为了单纯政治革命或者为了共和国的举动，而是波德莱尔心中所反抗整个世界的象征。纵观波德莱尔的一生，都无时无刻不想着反抗这个带给他痛苦和束缚的世界，向世人展示着自己的桀骜不驯和特立独行。欧皮克将军，虽然在这场革命中表现出了宽容的态度，但是在波德莱尔的心中，这位继父就是他所反抗世界的代表。

2. 波德莱尔的政治热情

二月革命之后，资产阶级组建了革命临时政府，并且宣布言论自由。当波德莱尔听说临时政府颁布的言论自由法令中宣布不用保证书，也不会再设立言论审查机制时，就和友人们一起商议也办一份报纸。

这个建议立刻得到了友人们的赞同，因为他们这些诗人"确实需要宣传的途径，以后就再也不用可怜地祈求杂志部编辑，让他们允许自己的文章发表了"。波德莱尔和友人们选择了咖啡馆作为报纸的编辑部地址，并且给这份报纸取了一个十分响亮的名字：《公共安全》。

对于《公共安全》这个名字，波德莱尔回忆说："在这个革命时期，只有这个响亮的口号才能吸引读者的眼球。"但是要办一份报纸，波德莱尔和他的友人们却面临着一种十分窘迫的情况：他们都没有钱。在这种情况下，波德莱尔和友人们不得不勒紧裤腰带来作为报纸的启动资金。

第一份报纸在2月27日出版，3月1日又出版了第二份报纸，此后就因为资金短缺没有再次出版。虽然波德莱尔和友人们自信自己的文章会大受欢迎，但是现实却没有眷顾波德莱尔：这两期报纸只卖出了20份。

在这惨淡的销量下，他们甚至没有钱来付欠印刷社的印刷费。对此，波德莱尔和友人们感到十分失望，因为他们发现"人人的思想都是那么麻木"。可以说，波德莱尔并不长的人生旅途中，不仅仅无时无刻试图和整个腐朽的社会进行着抗争，更多时候也是一直盼望能用手中的笔"唤醒人们麻木的心灵"。

虽然和友人们合办的《公共安全》最终失败了，但是这却是波德莱尔一生中重要的一次经历。因为这使得波德莱尔懂得了"每个人的心里并不是那么美好，脑子里也不是都充满智慧"。正是从此刻开始，波德莱尔几乎没有再写过浪漫主义的文字，而是通过象征主义这个精灵，描绘着每个人心中的麻木和丑恶。

虽然《公共安全》这份报纸仅仅出版了两份，但是却标志着一种风格的诞生。波德莱尔等法国的象征主义文人，以这份报纸开始登上了文坛，并且开始发挥难以估量的作用。

对于这次不成功的办报经历，波德莱尔日后曾经不无怀念地写道："1848年是有趣的，仅仅是这个国家的每个人都投入了建立乌托邦的梦想。1848年也是迷人的，仅仅是因为我们幻想都可笑得过了头。"

参加了二月革命后，波德莱尔的精神状态被极大地激发了。他积极地投身各种活动之中，除了办了《公共安全》之外，他还参加了政治组织。那就是在二月革命中主张激进共和的中央共和协会。

中央共和协会主要是主张纯粹而且彻底的共和思想，和罗伯斯庇尔一脉相承。因为这个协会较为激进的主张，在法国大革命之后一直被政府所监控。对于波德莱尔来说，这个协会的主张正好可以符合自己心中"对美好世界的向往"。

在这个具有激进共和思想的中央共和协会之中，除了波德莱尔以外，还有创作《工人之歌》的杜篷等具有共和和革命思想的作家和社会名人。在参加中央共和协会几次会议和活动，并且和许多与自己政治主张相同的学者进行交流之后，波德莱尔心中的政治热情被极大地激发了。

但如同他一生中标志性的桀骜不驯一样，波德莱尔仅仅对于政治和选举有了短暂兴趣，就开始对虚伪的政治和选举感到了厌恶。

正是因为这种厌恶，在参加了中央共和协会仅仅两个月后，波德莱尔就退出了。他自己向杜篷说过，这是因为"对于形而上的虚伪政治理论感到可悲"。

对于选举的厌恶源于一次竞选演讲，当时法国二月革命之后，取得领导权的临时政府宣布进行全民普选议员。当时的波德莱尔和友人们出于对于政治的好奇，一同去听了一位巴黎候选人的竞选演讲。

发表演讲的候选人和波德莱尔一样，也是中央共和协会的成员，叫作阿尔丰斯·埃斯基洛斯，是一位研究法国风俗学和文学的学者。他在竞选演讲中，向包括波德莱尔在内的听众们批判了七月王朝的腐朽统治，对于工人阶级悲惨的生活处境也做了深刻而且具体的描述。

埃斯基洛斯充分发挥了他作为学者特有的口才和丰富语言，对于当选后构建一个真正共和社会的前景进行了生动而且十分鼓舞人心的描述，让台下听众们个个情绪高涨。但是波德莱尔也在听众之间，特立独行的他开始向候选人埃斯基洛斯提问。

由于当时法国临时政府是通过二月革命上台的，所以一直标榜自己代表着工人阶级的利益。而以小商贩们为代表的小资产阶级的利益如何得到保证，一直是一件令人十分关注的问题。

波德莱尔从离开家之后，就一直和让娜生活在拉丁贫民区中，拉丁贫民区则是巴黎小商贩的居住区。所以关于新的法国临时政府如何保证小商贩的利益，一直都是巴黎拉丁贫民区内热议的问题，居住在拉丁贫民区的波德莱尔受到影响，对此自然也十分关心。

于是波德莱尔就这一社会热点问题，向候选人埃斯基洛斯提问道："请问候选人，在您的眼中，小商贩这些小资产阶级的利益是否和工人阶级的利益一样？是否是同样的神圣不可侵犯？"

对于这个较为尖锐的问题，埃斯基洛斯只是敷衍了一句"我同样同情小商贩这一社会特殊阶级"，就又开始向听众开始宣传"真正共和社会"这一他自己所钟爱的主题了。

波德莱尔并没有就此放弃，他打算不给埃斯基洛斯面子，他对友人说："既然他喜欢政治理论，我就提问政治理论吧！"说完，他就又开始向候选人埃斯基洛斯提问："你现在谈到了真正的共和，那么肯定就是由商业来构建的国家了！请问候选人你是如何看待自由贸易的问题？这可是我们这个国家整个社会建筑的支柱，是一个极为重要的政治学理论问题！"

一直在高谈阔论的埃斯基洛斯顿时哑口无言，他只好面红耳赤，并且结巴地解释道："我现在还没有时间去研究这个重要问题！我感到这个问题对于我们来说是十分重要的。如果我一旦被选为议员，我会对选民负责，开始带着最大的努力去研究、解决这一重要问题。"说完，这位喜欢高谈阔论政治理论的候选人一面擦着头上的汗水，一面快速走下了讲台。

下一位上台演讲的是作家阿塞纳·乌萨耶，这位作家一直写一些枯燥无味的东西，波德莱尔一直把这位作家称之为"我最受不了的磨坊工人"。这位候选人上台以后，也开始宣传自己的"社会政治构思"，并且大谈关于英法之间的外交关系，对英国首相和皇室的秘闻和花边如数家珍。正当他口若悬河的时候，波德莱尔这位喜欢提问的人又开始站起来提问了。

波德莱尔问这位"磨坊工人"道："既然您这么熟悉英国政治和英法外交关系，那么请问您怎么看1815年的英法条约呢？"虽然这位"磨坊工人"对于英国政治的秘闻和花边如数家珍，但是关于英法1815年条约的问题就没有任何自己的看法了。他也开始结巴起来，一边擦着头上的汗水，一边说："抱歉，我确实没有深入地研究这个问题，我一定会深入研究其他历史和社会问题！"

正是因为参加了这次候选人演说，波德莱尔被暂时唤起的政治热情被虚伪的宣传和竞选浇灭了。

此后，波德莱尔放弃了加入政治组织进行政治活动，而重新开始了他的文学生涯。他首先在《国民讲坛》这份报纸任编辑部主任，他想把这份报纸办成一份"代表所有公民权利的咽喉媒体"。但是由于在波德莱尔的主导下，这份报纸观点过于激进，所以仅仅出版两期就被临时政府所取缔。

1851年，法国时任第二帝国总统路易·拿破仑·波拿巴为了再次复辟拿破仑王朝而发动了一场政变。他以军队的支持、法国民众对于拿破仑这一称呼的盲目崇拜作为后盾，在没有授权的情况下突然宣布解散第二共和国的立法机关国民会议。

在解散了国家最高权力机关和立法机关国民会议之后，路易·拿破仑·波拿巴成为了法国的唯一统治者，并且开始准备帝制的复辟活动。此后，路易·拿破仑·波拿巴立刻宣布停止宪法的效力，并且开始立法来停止法国的议会活动。

随着立法权被战胜，路易·拿破仑·波拿巴成为了法国唯一的统治者，他接下来接管了法国所有的行政权利，并作为国家元首单独对人民负责。可以说，路易·拿破仑·波拿巴试图登上皇位的复辟行动已经充分准备完毕了，在他的复辟之路上，首先需要做的就是恢复普选。

在二月革命胜利以后，法国临时政府认为当时法国社会的保守势力十分强大，很多民众对于帝制也始终有着好感和同情。针对这一情况，法国临时政府在推翻帝制建立第二共和国的时候，没有实行全民普选，而是选举人选举。

这一措施在当时起到了阻止帝制复辟的作用。但是在路易·拿破仑·波拿巴掌握了所有权力之后，就一直密谋着如何恢复全民普选的制度。

可以说，路易·拿破仑·波拿巴作为第二共和国的总统，试图通过民众对于拿破仑家族的盲目崇拜，以全民公决的方式来为自己的皇帝宝座披上一层合法的外衣，这样就可以稳固自己的统治。

深信"拿破仑神话"的法国人民在公投中几乎一致支持路易·拿破仑登上权力之巅。在登上皇位之后，代表贵族阶级利益的路易·拿破仑·波拿巴立刻开始限制议会权力，颁布法令限制法国的言论自由。

鉴于报纸和传媒在二月革命之中起到的巨大的作用，路易·拿破仑·波拿巴几乎动员了法国所有的力量，开始对报纸和传媒采取更为严格的监督管理。他以皇帝的名义颁布一系列法令，要求报社和杂志社交出"安全金"，作为保持"内容良好"的保证。

除了颁布一系列的法令以外，路易·拿破仑·波拿巴还发出警告，禁止涉及内容敏感的刊物出版，以查封或结束出版团体作为惩罚措施。此外，书籍的出版也受到限制，一大批共和派作家被捕。

在得知路易·拿破仑·波拿巴通过政变进行复辟，成为第二个拿破仑皇帝的时候，波德莱尔十分愤怒地向友人说道："这又是一个波拿巴！真是法国的羞耻！路易·拿破仑·波拿巴是一个虚伪的人，他一直在试图解释他的本性，以及他又是如何奉上天旨意去当皇帝的！"

对于皇帝和皇帝背后的专制制度，波德莱尔感到十分厌恶，但是却无法改变这一切，逃避成为了他最终的选择。

在二月革命时期，波德莱尔对于建立共和国抱有着极大的兴趣和热忱，对于政治的热情也因此开始发展。但是第二帝国的复辟可以说是一个分水岭，残酷的社会现实浇灭了波德莱尔对于政治的热情，在这次政变以后，波德莱尔对于政治便不再感兴趣，甚至对于路易·拿破仑·波拿巴为了复辟而举行全民公决的行为没有任何评论。

"这次政变让我彻底非政治化，以后我再也不会去思考政治。"诗人的这句话准确地道出了自己当时的心态。

此后，波德莱尔全身心地致力于自己的文学创作，《恶之花》的雏形也出现在这一短时期内。对于自己这一段时光，日后波德莱尔评价为"沉醉"和"小资产阶级知识分子的狂热"，并在《打开我的心灵》之中，用诗歌的形式来记录当时的自己：

我在1848年的沉醉。

这种沉醉是什么性质？

报复的乐趣。对破坏的天生的乐趣。

文学上的沉醉；阅读的回忆……

正如同波德莱尔自己在诗中所写到的一样，诗人所追求的是一种"报复"和"破坏"，而他的继父欧皮克将军则是一种"稳定和秩序"的象征。也正因此，波德莱尔才说出了那句著名的"我们必须去枪毙欧皮克将军！"

3. 《恶之花》的形成

在波德莱尔短暂地迸发出政治热情并且试图办报纸的期间，那个让他厌恶的"应该去枪毙"的欧皮克将军被任命为驻土耳其大使。

在法国临时政府外交部的委任书之中，对于这位职业军人给予了很高的评价："欧皮克将军把自己的忠诚献给了自己的祖国，他具有十分出众的政治才能，思维极其缜密而且深刻，使他十分适合外交舞台。我们一点也不怀疑他会忠诚地全力以赴，去为祖国服务。"

在得知这一消息之后，波德莱尔一直试着和他的母亲欧皮克夫人相见。因为他当时已经处在了穷困潦倒的情况下，自己不得不一直依赖着母亲的帮助。波德莱尔十分清醒地意识到，随着距离的增加，他和母亲之间的联系必然会减少，自己也无法及时从母亲那里得到帮助了。

所以总的来说，波德莱尔在这个时候心情无疑是十分复杂的，一方面他所憎恨的欧皮克将军不在了，一方面母亲却离自己远了。

在欧皮克将军前去土耳其上任以后，没有了"阿尔萨斯大兵"束缚的波德莱尔活得更加的自由随意。他经常和写出《工人之歌》的杜篷等许多朋友一起出入巴黎的酒吧和咖啡馆，在那里高谈阔论。

波德莱尔在和朋友聚会时，嘴里一直不停地说着在二月革命时期他是如何拿上猎枪走向街头，并且一直在谈论"社会的崩溃"和社会主义思想。有时候在酒精的刺激下，他的观点言词十分激烈，连杜篷等友人都劝不住他。

波德莱尔对于二月革命大发不满，因为他认为这次革命没有改变人脑中的东西。这个时候，法国另外一名著名作家蒲鲁东在退出临时政府后，也在《人民日报》上抨击二月革命没有找到指导思想，也没有达到预期目的。波德莱尔在报纸上读到了蒲鲁东有关二月革命的政治评论文章以后，感到十分高兴。用他自己的话来说，他终于找到了一个"具有同样伟大头脑和思想的文学家"。

波德莱尔十分想见到这位和自己有着相同思想的作家，于是他怀着十分崇拜的心情给蒲鲁东写了封信："有一位对您来说陌生，但是满怀深情的朋友十分盼望能够见到您，希望能够占有您几分钟时间，从您那里学习智慧。我知道，我的这份心情不会令人可笑，因为我对您的敬仰和友好使得我完全有理由去拜访您。"在信件的最后，波德莱尔写道："请接受我的忠诚和真诚的体现。"

但是令波德莱尔感到失望的是，收到这封语气十分诚恳的信件的蒲鲁东，没有答应和这位"古怪的诗人"见面，而是回信询问波德莱尔试图和他见面的真正意图究竟是什么。

虽然第一封信没有成功，但是波德莱尔没有放弃，而是再次给蒲鲁东写了一封请求见面的信件。在波德莱尔两封诚恳的信件的努力下，蒲鲁东这位自视甚高的作家才答应在编辑部见波德莱尔一面。

会面后，两人一起去吃了晚餐。根据波德莱尔的回忆，蒲鲁东的饭量很大，说话声音很大，而且配有十分激动的手势来说明自己的观点。在这次不成功的会面之后，两位同时期伟大的法国文人之间竟然再也没有过一次会面。

现在看来，也许是波德莱尔的孤傲使得同样自视甚高的蒲鲁东感到反感。蒲鲁东曾经在波德莱尔《恶之花》出版之后，向友人评价说："那只是一部聪明的业余爱好者的文集。"

不论这次会面有多么的不成功，也不论蒲鲁东这位经济学家、政治学家、文学家对自己的态度如何，波德莱尔一生中对蒲鲁东的评价都是十分高的。而后蒲鲁东在1849年因为参加政治斗争受到了政府的迫害，为了逃脱政府的追捕而不得不流亡比利时。

波德莱尔对于蒲鲁东的遭遇感到十分愤慨，他在自己的作品中说道："蒲鲁东的优秀和伟大是毋庸置疑的，他是一位全欧洲永远嫉妒法国所拥有的作家。让人可笑的是，拥有这位伟大作家的国家竟然不知道珍惜！"

在欧皮克将军夫妇去土耳其之后，波德莱尔又找到了一份新工作，那就是《沙托鲁日报》的主编。《沙托鲁日报》位于安德尔省沙托鲁市，是由一些富人以及资产阶级良民作为主要股东的一份公开报纸，平日里这份报纸的观点较为倾向革命，而且十分平和。当时《沙托鲁日报》的社长篷洛瓦在巴黎和波德莱尔在一次聚会之中相识，十分欣赏这位诗人的才华，极力聘请他前来。

波德莱尔当时"确实需要稳定的收入"，十分高兴地接受了篷洛瓦的邀请，前往安德尔省沙托鲁市开始了自己短暂的主编生涯。《沙托鲁日报》报社的股东和员工一起举行了一场丰盛的宴会，来欢迎未来的主编波德莱尔。

但是面对报社全体的欢迎，波德莱尔却在这次宴会上让人们大吃一惊。这位新来的主编从宴会开始一直到最后宴会的结束，连一句话都没有说。欢迎的人们十分惊讶于这位主编的沉默，也十分不解，于是篷洛瓦问道：“波德莱尔先生，我的主编，您怎么什么也不说啊？”

波德莱尔对此回答道：“先生们，我需要说什么？我真的没有什么可说的，我从巴黎来到安德尔省沙托鲁市这个编辑部里工作，难道不是为你们的聪明和智慧做仆人么？”

更令大家惊讶的是，第二天波德莱尔作为主编第一次上班时，身为主编的他竟然问员工，我们编辑部里的烧酒放在哪里？

此外，波德莱尔并不是一个人孤身来到安德尔省沙托鲁市就任《沙托鲁日报》总编辑的，他还带着让娜。一开始，《沙托鲁日报》的股东和员工们只知道这位混血女子是一位舞女，波德莱尔对他们说这是他的妻子。

但是，秘密很快就被大家所知晓。

当他们知道秘密后，《沙托鲁日报》报社的一名股东对波德莱尔愤怒地嚷道：“先生，您欺骗了这个报社的所有人，这位女子并非是您的妻子，而是您的情妇。”

如果说作为一个总编辑，比如喝酒吃饭等个人习惯还是小节，那么对于报纸编写这一项，就是衡量一个编辑最为重要的决定性因素。第三天的时候，波德莱尔所编辑的第一份《沙托鲁日报》出版了。

可以说这份报纸是“《沙托鲁日报》有史以来最为轰动的一期”。波德莱尔在头版上刊登的文章引起了社会的强烈反应。正是因为这篇政治观点激进的文章引起了政府和读者的双重不满，使得波德莱尔被《沙托鲁日报》的股东们开会决定解雇。

在这篇文章中，波德莱尔写道：“现在的临时政府领导人要求杀死30万反革命的人，这实在是太温柔了，温柔得过分了。现在的领导人应该学学罗伯斯庇尔，应该把他当时维护正义的断头台应用到现在来维护我们的国家。"

用"惊世骇俗"来形容这篇文章是再恰当不过的了，刊登着这篇文章的报纸出版以后，整个法国社会都引起了极大的轰动。对于政治观点一向属于温和革命派的《沙托鲁日报》的股东和读者们来说，这是绝对不可接受的，波德莱尔被解聘也就不可避免了。

在被《沙托鲁日报》的股东会议决定解聘之后，一向桀骜不驯的波德莱尔又展现了他的个性，当天晚上就坐火车返回了巴黎。回到巴黎仅一个星期之后，他又去了第戎小住了两个月左右。

因为在第戎的一段时间，波德莱尔没有信件和文章发表，所以无从得知他在第戎这两个月的情况。唯一可以肯定的是，在第戎的两个月对于波德莱尔来说并不是愉快的。在以后，波德莱尔说起第戎的名字总是"咬牙切齿"。

现在人们一直认为，波德莱尔是想在第戎的《工作报》中找个编辑之类的工作。《工作报》的社长是一个和波德莱尔拥有相同思想的年轻学者，致力于发表的文章代表"纯粹的人民利益"。虽然没有证据证明波德莱尔曾经在《工作报》中工作或者发表过文章，但是当波德莱尔的友人因为左翼言论被政府逮捕审判后，波德莱尔马上就离开了第戎的行为可以间接地证明这一点。

在波德莱尔从安德尔省沙托鲁市返回巴黎并且动身去第戎的时候，他把自己的所做的诗稿交给了一位名叫帕里斯的朋友，并且拜托帕里斯在自己动身前去第戎的这一段时间内，将自己的诗稿进行整理和誊写。

当时，波德莱尔交予帕里斯的是自己的所有的诗稿，也是日后《恶之花》诗集的雏形。但是这位朋友显然没有很好地完成波德莱尔的嘱托，将波德莱尔交给他的诗稿整理得一塌糊涂。

波德莱尔日后评价说，这位朋友在自己不在的时间内，偷工减料并且让自己花了大笔的冤枉钱。在帕里斯整理的这本诗集之中，错误犯得一塌糊涂，甚至有很多"可笑而且十分疯狂的错误"。

根据波德莱尔的回忆，帕里斯甚至将自己诗歌的名字都抄错了，自己标注应当修改的地方没有一处修改。更为让波德莱尔痛心的是，本来羊皮的纸质的书，却被帕里斯"不知为何"换成了仿羊皮纸。

这本誊写和装饰得"一塌糊涂"的诗集，日后作为底稿，印刷了波德莱尔最为重要的作品《恶之花》。波德莱尔在当时给这本诗集所取的正式名称为《灵簿狱》，一个充满着社会主义和宗教思想的晦涩名字。

《灵簿狱》这个名字十分具有特点，所以当法国文学评论家们得知了这本诗集的名字后，立刻说道："一听书名，就知道是一个社会主义者的糟糕作品。"但是波德莱尔的一位友人却十分欣赏这个名字，称赞道："这个名字蕴含着波德莱尔忧郁的灵魂。"

正在波德莱尔在法国各地寻找工作的同时，欧皮克将军夫妇已经前往土耳其首都君士坦丁堡赴任。

在君士坦丁堡，欧皮克将军夫妇经常参加各类聚会，其间遇到了来土耳其旅游的法国作家杜·凡。欧皮克将军问道："在您离开巴黎的时候，文学家是否出了一些有前途的新人？"杜·凡说道："听说有一个叫做波德莱尔的诗人，他的诗很有特点，坚实而且有力，具有我们这一代人少有的真正的诗人气质。在以后，人们一定会对这位年轻诗人大书特书的。"

日后，波德莱尔得到了人们的赞扬，证明了杜·凡没有看错波德莱尔的才学。当杜·凡赞扬波德莱尔的时候，他惊讶地发现欧皮克夫妇听到波德莱尔这个名字的时候，反应非常奇怪。

欧皮克夫人听到波德莱尔的名字之后，立刻低下了头，欧皮克将军直愣愣地看着杜·凡。杜·凡感到莫名其妙。这时欧皮克将军的副官马加代尔上校立刻用脚踢了踢杜·凡，杜·凡立刻意识到自己说错了话，马上将话题引开了。

在宴会结束的时候，欧皮克夫人悄悄地走到了杜·凡的面前，压低声音说："您刚才说的那个年轻的诗人，他真的很有才华么？您觉得他在文学上能够取得成功么？"杜·凡因为不明情由，就做了一个肯定的手势，欧皮克夫人立刻"欣慰的笑了"。有意思的是，当欧皮克夫人回头的时候，意外地发现，对于自己儿子一向十分严格的欧皮克将军正在"静静地倾听对于波德莱尔的赞扬"。

在土耳其担任大使期间，欧皮克将军完美地完成了国家赋予他的责任，出色地完成了复杂的外交任务。因此，欧皮克将军被法国政府擢升为驻英国大使。

在土耳其的大使任期内，欧皮克将军得到了所有人的赞叹，可以说，欧皮克将军"带走了一片颂扬和他离开的遗憾"。当欧皮克将军回到巴黎和临时政府领导人会面以后，却令人十分意外地拒绝了出任驻英国大使这项重要的任命。

当时法国政府除了让欧皮克将军担任驻英国大使以外，还有着一项秘密的使命，那就是去刺探流亡英国的逊帝路易·菲利普的情报，并且阻止逊位皇室在伦敦组织复辟活动。

对于这项需要执行秘密任务的职务，欧皮克将军拒绝了，他说道："我不会接受这项作为间谍的任命，哪怕是以国家的名义。就是进入棺材里，我欧皮克将军都是一位正直可敬的军人。"将军并不是对于流亡皇室有多么大的忠心，主要是这位职业军人心中军人的荣誉，让他无法去做"间谍"。

在拒绝了这项驻英国大使和"间谍"的任命之后，欧皮克将军被法国政府任命为驻西班牙大使。当时西班牙正处于衰败的过程之中，整个国家都无所事事，欧皮克将军也因此在马德里闲居。

虽然欧皮克将军在西班牙大使任期内略显无聊，但是这位正直的军人却做出了一件富有极大勇气的事。当时被二月革命所推翻的七月王朝皇室有一些人流亡到了马德里，因为临时政府冻结了王朝的财产，所以这些皇室中的"公主"和"王子"们生活变得穷困潦倒。

欧皮克将军向法国政府报告，这项不人道的财产冻结举措造成了十分不好的影响。这份报告的提出和拒绝担任驻英国大使这一"间谍"职务一样，并不是源自于欧皮克将军对于七月王朝皇室的忠诚，而是由于他心中那胜于一切的"军人荣誉"。

总的来说，在土耳其担任大使的时候，欧皮克将军的才能得到了极大的发挥，出色地奋斗在外交舞台上。在马德里的大使任内，马德里并没有留给欧皮克将军什么好的回忆。

在马德里任期期间，来自法国的这位欧皮克将军给马德里这座城市留下了极为深刻的印象。在马德里市内的慈善协会、孤儿院、教会医院等公益场所，经常会看到这位军装笔挺的军人。

当时马德里医院的院长回忆道："这位欧皮克将军有着正直和坚定的性格，十分聪明和富有礼貌，还有着崇高的灵魂。"

在欧皮克将军在马德里任期时，法国发生了拿破仑王朝复辟，这位职业军人表现出的态度是出人意料的沉默。

在欧皮克将军离任驻土耳其大使前往巴黎，住在旅馆之中等待临时政府的新任命期间，是母亲嫁给欧皮克将军后，波德莱尔和母亲最为亲密的一段时光。

在波德莱尔给自己的母亲的信中，首次向他人揭开了自己的心理："我希望能够使我的风格变得更加温柔一些，但即使您认为我这骄傲的心和风格不合适，我也希望，您的理性能够理解我的意图是完全良好的。"

欧皮克夫人接到了儿子的这封信之后，准备前往沙托鲁市去看望自己很长时间没有见面的儿子。

对于母亲的盼望，波德莱尔回信说："我十分盼望着您的到来，但是这个倒霉的地方一直在下着雨。此外，我很有可能马上就离开这里，希望您在巴黎等着我吧。我不希望您被雨水淋湿，来这里和我赴一场十分荒谬的约会。"从这封信的字里行间，可以看出波德莱尔对母亲那份深深的感情。

对于自己的这个儿子，欧皮克夫人十分揪心，她对人说道："我看到他的处境竟然会是这么的可怕！他现在除了自己脑子中的文学以外，几乎什么都没有！我作为母亲，对于他有那么多的爱，也有着很多的关心，但是却没有办法让我的儿子从现在这种处境之中走出来！"

可以说，在一生中，欧皮克夫人一直在尽自己的所有去帮助波德莱尔，因为自己心中那不求回报的伟大母爱。

虽然波德莱尔曾经无数次地想通过自己手中的笔来挣钱谋生，也为了有份固定的收入而前往第戎和沙托鲁市谋职，但是他那在世人眼中"个性而奇怪的举动"总是让他无法适应办公室拘谨的生活。

因为数次谋职的失败，使得波德莱尔不得不下定决心告诉母亲，自己确实需要一点钱："我很悲伤，也很担心，因为我不得不承认，自己是一个十分软弱的动物。以往的习惯一直在影响着我，我根本无法正常地投入到工作之中去，我拥有伟大的构思文笔，但是一直到了现在，仅仅剩下债务和计划而已。"

在这封信中，他还借助描写好友杜篷的童年来描述自己，还对欧皮克将军大加批判："他的童年和一些出色的人一样，十分简单。但当他长大以后，对于朦胧的爱情、家长的束缚、子女的反叛都融合在了一起，只有这一切，才能创造出一个伟大的诗人！有多少反叛精神的人是在一位残忍而且机械守时的军人身边长大的！多么严厉的家规戒律啊！我们所创造的诗恰恰是为你们所做的！"

第四章 人间的天使，太阳下的撒旦

1. 游荡的天使

在二月革命期间，波德莱尔突然对于政治感到兴趣，就如同天使突然对于人间的喧哗产生兴趣一样。在对于政治失去热情，并且谋求几个固定工作没有成功之后，波德莱尔又开始了浪子生涯。

也许只有在成为浪子的时候，波德莱尔才真正地是波德莱尔。这个来自天堂中的天使开始在人间游荡，并且用那双深邃的眼睛一直打量着整个世界，仿佛一眼看透了人间的美丑善恶。

在试图办报纸和出任编辑失败以后，波德莱尔又有了自己新的想法，那就是办一份杂志。这本杂志是波德莱尔和杜篷等几个朋友合办的，每次印刷300份小规模出版，从1851年11月到1852年2月大约4个月的时间，一共出版了9期。这份杂志被命名为《戏剧一周》，波德莱尔等人试图把这份《戏剧一周》杂志办成"具有文学气息，而且具有理性改变社会的宣言"。

在办这份杂志的同时，波德莱尔还试图再办一份内容完全由自己编辑的杂志。对此，他和三个朋友在一起商议后决定，将这份处于策划之中的杂志命名为《哲学猫头鹰》。那段时期，这几位志同道合的朋友时常聚会、商谈办理这份杂志的情况。比如刊物印刷的大小和字体；谁具体负责哪一版面的文章；选哪些作家的哪些作品去进行文艺评论等。

虽然波德莱尔和友人们对于这份杂志都表现出了巨大的热情，

但是因为最后始终没有找到出资人，所以这份杂志还没有问世就"停刊"了。

在当时的法国社会，政变不断地发生，共和国和帝国不断地出现在政治的舞台上，整个社会的民众的内心都处在极为不稳定的状态，不知道明天会不会又发生新的社会的动荡。

所以，在这一段动荡的时间内，文学成为了"一种奢侈的产业，马上因为社会的严寒而进入了冬眠阶段"。

此外，由于政权的性质经常会发生改变，所以文学界为了生存，不得不奉承和依附于某个统治阶级，整个法国文学界也受到了统治阶级的严格管制。

在11月27日的《戏剧一周》上，波德莱尔发表了一篇《诚实的戏剧与小说》的文章，在整个法国文艺圈都引起了不小的轰动。

在这篇文章中，波德莱尔控诉了路易·拿破仑·波拿巴的第二帝国对于文艺界的严格管制，使得很多年轻作家被政府禁声、逮捕。就如同他在《加布里埃尔》中所说的那样："那些无知的人居然认为诗人的职业就是在固定的节奏下去没完没了地抒情，这样就是最为优美的诗歌！"

在这篇发表在《戏剧一周》杂志上的《诚实的戏剧与小说》之中，波德莱尔深刻控诉了当时充斥于法国文坛的道德说教性文章。

路易·拿破仑·波拿巴的第二帝国复辟成功之后，颁布了臭名昭著的里安塞尔法令。这项针对法国社会宣传和文坛的法令由参议员安塞尔所主导制定。根据这项法令，政府鼓励那些具有道德说教意味和歌颂的"好作品"，包括连载小说等大量文学形式被政府所禁止出版和刊登。

这就使得第二帝国复辟成功的一段时间内，一些年轻的作家、诗人都受到了政府的控制，一些新文学作品和著作都无法面世。

正是由于整个社会环境的原因，波德莱尔此后的一段时间内，绝大多数精力都放在了翻译爱伦·坡的作品中。因为在当时政府严格管制的情况下，波德莱尔明白，即使这段时间内自己写出了新作品，也都会遭遇"没有人敢发表，也没有人看"的窘境。

1852年初，波德莱尔开始在文学理论刊物《巴黎杂志》上发表一系列关于爱伦·坡的研究文章。有意思的是，波德莱尔在原先经常向《巴黎杂志》寄一些自己的诗作，但是遗憾的是，一篇都没有发表。

显而易见的是，对于这种较为保守，追求形而上和空洞说教的文学理论刊物来说，作为翻译家和学者身份的波德莱尔，要比那个桀骜不驯的诗人更加令人们容易接受。

在这些关于爱伦·坡的研究文章中，波德莱尔把自己写了进去，透露出了自己的孤单和不满。用图班的话来说："准确地说，文章中对于爱伦·坡的描写，其实就是波德莱尔在写自己。"

波德莱尔在这篇文章中说道："有的人命运是十分不幸的。在每个国家的文学之中，总有着这么一些人，在他们头上的皱纹中深深地刻着不幸。"在文章中，波德莱尔不满地写道："在人是否能够成为天才的过程中，少年期间起到重要的作用，他们被人不断地鞭打，来安慰别人的成长。"

除了翻译爱伦·坡的作品以外，这一段时间内，波德莱尔的大部分精力放在了戏剧方面。繁华的舞台和喧闹的后台对于波德莱尔来说，一直充满着吸引力，正是在这里，波德莱尔碰到了让娜。

在这一段被迫封笔的时间里，除了翻译爱伦·坡的作品之外，他大多时间都在剧院里闲逛，也因此激发了他写剧本的热情。除了消遣寂寞以外，还可以"获得金钱上的酬报"。

他在给母亲的信中写道："一位专门演出通俗喜剧的剧院院长让我给他写一出正剧，他答应给我300法郎作为报酬。但是很遗憾，我根本没写出来。不是因为我懒惰，如果有这300法郎的话，我就可以还掉很多债务。"在这一段时间内，波德莱尔写剧本的计划非常多，但是没有几本成功地写出来。波德莱尔对于这一段时间的写作说道："或许我根本没有写剧本的才能。"

当时的波德莱尔已经在法国文坛展露出了非凡的气质，虽然很多正统的文学家和评论家们对这位桀骜不驯的年轻诗人没有好评。但是在年轻人所组成的小文学圈中，特别是在杜篷、图班等好友的赞扬下，波德莱尔已经有了一定的名声。在《笑报》中，是这样介绍波德莱尔的："夏尔·波德莱尔是一个年轻的胆汁性诗人，具有不拘小节的性格，容易激怒别人，也容易被别人的举动所激怒。"

这篇文章对于波德莱尔的赞扬也非常高："虽然这位年轻的诗人在私生活中无法令人接受，但是就实质来说，他的作品在形式上具有古人优秀的严肃和风格。在现在的法国文坛之中，我认为他是最优秀的一个。"

对于波德莱尔的处境，作者在文章中说道："虽然现在人们对于这位诗人的评价具有极大的争议，但是我对于他道路的正确性深信不疑。最为令人感到遗憾的是，虽然他的作品十分优秀，但是这种极为独特的风格，却让出版商都难以接受。"

发表波德莱尔关于爱伦·坡研究文章的《巴黎杂志》总编辑，

在日后听到他人说这位年轻的"翻译家"曾经称呼西方人的上帝为"天上的傻子"。这位德高望重的总编辑大吃一惊，惊叹道："天啊，我竟然没有看过他原来的文章！"波德莱尔曾经到过《巴黎杂志》的编辑部，其奇特的穿着让人们更加加深对于这位年轻诗人的好奇。

当时波德莱尔穿的衣服十分干净，但是其形状和布料却十分的粗俗和无礼。一块厚厚的红色布料披在身上，看上去就像"穿着没有加工过衣服的原始部落酋长"。在这块本来就十分怪异的红布衣服上，还钉着一排十分显眼的青色纽扣，构成了"十分怪异的组合"。一双银色的靴子和露出裤脚的蓝色袜子，更加凸显出波德莱尔的个性。甚至有人评价当时的波德莱尔就像"一个年轻的魔鬼隐士"。

不仅仅在外表上，在行为上，波德莱尔同样给人以奇怪的感觉。他手的动作十分缓慢和机械，甚至有些狂妄自大。他说话的声音十分沉稳，就像是一位不断寻找最佳表达的人的声音。在他身上还可以看到，他那骄傲的眼神后面的某种憔悴和萎靡。

《巴黎杂志》曾经发表文章评价当时的波德莱尔："他是一位很独特也有着罕见才华的年轻诗人，性格独特，甚至让人无法接受，在没有在杂志上发表几篇文章的情况下获得了极大的名声。"

2. 《恶之花》的发表

这一段被迫封笔的时间内，除了翻译爱伦·坡和写剧本外，波德莱尔一直在筹备着出版《恶之花》。除了不能再写下自己心爱的文字外，更令他感到痛苦的就是，他和母亲的关系也遇到了很多问题。当时欧皮克将军夫妇在西班牙大使任上离职以后，没有回到巴黎，而是前往了西班牙沿海的瓮福勒尔居住。将军在那里买了房子定居下来，因为那里的气候对于将军膝盖上旧伤的治疗十分有利。

在这一段时间内，因为欧皮克将军的原因，欧皮克夫人和儿子的关系也陷入了低点。可以想象，看着自己儿子和丈夫的关系不断恶化，欧皮克夫人的处境一定也很艰难。她一定在用尽自己的全力，做了很多事情，试图不断地调和这两位"都很个性的人之间奇怪的矛盾"。

但是令欧皮克夫人感到失望的是，一直到欧皮克将军去世，她丈夫和儿子两个人之间的关系一直没有缓和。

在给母亲的信中，波德莱尔写道："作为你永恒关怀的回报，我希望我自己能够让你对我满意一次。虽然现在还没有让你满意过一次，谁知道会是什么时候呢？也许是下一个月吧！其实，只要您的丈夫不要再那么愚蠢，这样我们双方都可以和好，都可以感到风光，我也知道我们两个人的关系让您感到十分痛苦。"

在这封信的最后，波德莱尔向母亲倾诉："我是那么的悲伤啊！对于未来是那么的恐惧！"对于和母亲之间的矛盾，波德莱尔也感到十分伤心，他写道："假如您对让我跟您重归于好不感到有任何快乐或者信任，至少您应该看在悲惨的份上。"

对于母亲一直以来的关怀，他十分动情地说道："我重新读了我们之间很多的信件，在您给我的信中都富含着一种深深的、纯正的感情在里面。您知道有多么憎恨夸张，我知道面对您我做错了很多事情。我希望您能从我冰冷的语言中感受到我的感情。"

在和母亲的关系恶化以后，波德莱尔的生活也陷入了困境。当时的他已经年满三十了，所以诗人试图去寻找和重建自己的生活。也许对于这位天生的浪子，彻底定居和健康生活并不是简单的事情。

也许是从离开巴黎的家中前往拉丁贫民区定居开始，参加二月革命，前往各地编辑报纸等数年的浪子生活已经让这位年轻的诗人感到了厌倦。

在这一段时间内，除了居住在拉丁贫民区，有时候为了躲避债主，他还不得不居住在小旅店中。因为没有钱，他不得不在街边简陋的小餐馆中简单地吃点东西来充饥。

就像波德莱尔自己所说的一样："这种生活消耗着我的生命，我都不相信我自己是如何忍受下来的。"

由于这种居无定所和穷困潦倒的生活，波德莱尔的身体也越来越不如从前了："我受够了整天的发烧、感冒和偏头疼，身体上的痛苦让我无法忍受。"

在给母亲的信中，波德莱尔表现出了试图去改变这一切生活的决心和努力，"我害怕自己的出众才华和清晰思维在这种动荡和可怕的生活之中耗之殆尽。这是让我最为感到恐惧的，因为我的这些才华和思维是我的资本。我不希望在浑浑噩噩的生活中死去，更不想在胡乱和不规律的生活中提前衰老。我认为我这个人还是十分优秀和珍贵的，特别是对于我自己而言，我不能再这样生活下去了。"

同时，诗人和让娜之间的关系也变得十分糟糕。对于这个混血舞女，波德莱尔一开始的爱情已经被两人不停的摩擦和矛盾所耗尽。

波德莱尔当时向朋友说道："让娜是一个可怜的女人，我们之间的关系现在对我来说只是一个负担。我早就不爱她了，我和她之间的关系对于我来说已经没有任何的好处了。我现在和让娜在一起，只是为了自己赎罪，为了报答她当时对我的照顾和献身精神。"

此后，波德莱尔和让娜之间的关系更加恶化。此时，波德莱尔的梅毒又复发了，所以他前去一个水疗中心进行治疗，另外也是为了"摆脱让娜这个可怕的女人"。但是仍然有一个残酷的现实摆在波德莱尔面前，那就是让娜向波德莱尔索要一大笔钱。

但是当时生活拮据的波德莱尔根本拿不出来这笔钱，也无法向母亲要求金钱上的援助。这种情况让波德莱尔迟迟下不了离开让娜的决定，两个人之间的关系也一直在摩擦和矛盾中继续。

对于让娜这个混血舞女，波德莱尔这位诗人已经感到了十分厌烦，他在给母亲的信中说道："让娜这个女人已经不再是我的幸福，甚至已经成为我追求幸福的障碍。如果说是仅仅阻碍我的幸福，那还可以忍受，因为我也可以为了别人去牺牲自己的乐趣。但是我们俩之间最为主要的问题是，让娜已经成为了我追求自己精神生活的障碍。"

对于作为诗人的波德莱尔来说，物质上的事情可以忍受，但是他最受不了的就是和让娜在一起时候的精神生活，他对母亲说道："她用她的笨拙和无知来与你所做的一切努力相忤，我无法跟她去交流一些关于政治和文学方面的问题。尽管我十分盼望能教她一些东西，但是她却什么东西都不愿意去学。她一点不欣赏我的头脑，甚至对我的研究一点也不感到兴趣。"

让娜是舞女出身，没有受到过什么像样的教育，所以她对于金钱有着很"庸俗而且无尽"的贪婪。这对于当时穷困潦倒的波德莱尔来说是十分不可忍受的。波德莱尔说过："如果直白地说，让娜这个女人的眼中，金钱要比我的作品和思想重要得多。如果把我所有作品的稿子全部烧掉能比发表出去赚更多的钱，那么她一定会毫不犹豫地把这些全部烧掉。"

但是我们的诗人并不是那种绝情的浪子，就如同一个看透世间的天使一样。虽然他看透了人间的罪恶，但是心中仍然拥有着天使的善良。虽然他让让娜搬离了自己的房子，但是当让娜生病时，他经常会拿着钱去探望。

在日后，波德莱尔对友人说道："我花光了让娜这个女人所有的钱，甚至连首饰和家具都为我出卖了。我使得这个女人负债累累，我却没有好好地对待她，我能感受到她心中的痛苦，这难道不让我感到内疚么？"

总的来说，这一段时间波德莱尔的生活是很艰难的。除了整理被自己的朋友弄得乱七八糟的诗稿以外，他还要和梅毒相抗争。在去第戎试图寻找工作的期间，他的梅毒再次复发，为了治疗所服用的酊和酒精让波德莱尔的肠胃"像火烧的一样，感觉都要彻底地不起作用了"。在梅毒和药物副作用以外，酗酒也极大地影响了诗人的健康，使得他患上了痛苦不止的神经性偏头疼。

此外，诗人还要应付自己穷困的生活和债主们。他在给自己母亲的信中详细地写出了自己的困境，只为母亲能给他10法郎来吃饭："今天晚上，我为了拜托那些追债的恶魔们，不得不到了一家十分肮脏和谁也找不到的旅店住两天。我离开家的时候，身上没有带着一分钱，因为我家中一分钱都没有了。所以我不得不向您请求，我要向你要10法郎，这样可以使我凑合着过上这两天。"

在这种几乎绝望的生活下，诗人几乎丧失了活下去的信心，他给母亲的信中写道："我真的想离开这个世界了，我的勇气已经快要耗尽了。之所以没有实现，那是我还有两个在您心中或许十分幼稚的想法。首先，就是让娜，我无法抛弃这个可怜的女人不管不顾。第二，就是我的债务，我现在欠了很多债，即使我死了，这些债主还是会去找您呢，我无法忍受您要遭遇到这些事情。"

可以想象，这位才华横溢的诗人在当时已经落魄到了何等程度。也许正是因为这种穷困，最终造就了波德莱尔那种触及每个人灵魂的文字。

在当时的法国文坛，波德莱尔作为诗人并不为传统保守的大众所接受，而作为翻译家，却出人意料地大获成功。对于这些出乎意料的美誉，波德莱尔曾经向友人们说道："这就好比一个裁缝做出了一道菜却被赞为世界上最好的厨师一样搞笑。对于我来说，翻译仅仅是为了我自己诗集出版而筹集费用。"

1857年，法国第二帝国的官方报纸《环球导报》在报纸的政治和文学专栏中，专门开始对于波德莱尔所翻译的爱伦·坡的作品进行连载。连载的内容主要是由波德莱尔所翻译的爱伦·坡关于航海中奇异故事的叙述作品《皮姆历险记》。

虽然波德莱尔对于这些连载的目的定位于"为了筹备诗集的费用"，但是源于诗人对于爱伦·坡的崇敬，波德莱尔在进行翻译时少有地表现出了敬业和勤奋。为了更好地和报纸进行沟通，也为了能够加速翻译的进程，波德莱尔专门搬进了距离报纸编辑部隔街相望的一家旅店。为了能够准确地翻译出爱伦·坡作品中描写航海术语的英语单词，波德莱尔跑遍了整个巴黎，希望能够找到一名英国水手。

对于波德莱尔这种固执的认真和执着，他的友人感到十分不解。也许平日相处中波德莱尔给人的感觉就是一个有才华的浪子，一旦认真起来反而让人感到十分奇怪，如同友人杜篷所说，那就像撒旦向上帝做祈祷一样的"奇异"。

曾经，波德莱尔为了一个航海方向术语的翻译绞尽脑汁，在一旁的杜篷忍不住开了一个善意的玩笑。波德莱尔一改平日里的随性，抬起脸来，用少有严肃的口气对友人说道："是吗？万一读者对照着地图来求证这本书呢？"

我们无法想象一位读者一边读着报纸，一边在专业图纸上找方向。但是对于波德莱尔和他的作品来说，这种固执的认真和执着却获得了成功。在波德莱尔的努力和少有的认真下，波德莱尔对于爱伦·坡的翻译才获得了极大的成功。

也正是因为这一系列的连载发表，并且在法国社会大获欢迎，爱伦·坡这位美国作家的作品在法国取得了极高的成就，波德莱尔也获得了整个法国文学界"完美的翻译家"的美誉。

在这一段时间内，虽然波德莱尔通过翻译爱伦·坡的作品取得了极大的成功，但是对于波德莱尔来说，有一件相比于翻译他人作品更为重要的事情，那就是筹备自己诗集《恶之花》的出版。

在翻译《皮姆历险记》的同时，波德莱尔校对和修改了自己手中的诗稿，并且把诗稿交给了一名名为马拉西的出版社筹备出版。

对于自己作品的出版，波德莱尔用更加认真和执着的态度进行。

这本《恶之花》诗集只有252页的诗稿，所以一般来说只用几星期的时间就可以印刷完毕进行出版，但是由于波德莱尔自身严格的态度，再加上同时还在进行着《皮姆历险记》的翻译，所以出版的过程被拉得很长。

这本诗集在成形的早期，被波德莱尔命名为《灵簿狱》。在1855年的时候，波德莱尔的友人，评论家和小说家伊波利特·巴布向波德莱尔提出了改名为"恶之花"的建议。

对于这个"恶之花"的名称，波德莱尔表示十分欣赏，很快就接受了伊波利特·巴布的建议。虽然当时法国文学界评论这个名称"根本不是法语的语法修辞，我们敢保证法国文坛一定没有人能够理解这个怪异的名字"，但是波德莱尔却一点不在乎这种刻板的批评。

对于这本诗集的名字，他曾经评论道："恶之花十分绝妙地把魅力和丑陋对立相统一地表达了出来，十分符合我的心中那种充满矛盾的想法，对我这本诗集来说再合适不过了。"

出版这本诗集的出版商伊波利特·巴布对于这本诗集评价说："我知道这本书不会让我获得巨大的经济利益，但是从文学角度讲，我十分喜欢这个桀骜不驯诗人的诗集。在真正的诗的高远空间里，是没有恶也没有善的。我也知道，我这本可怜的忧郁和罪恶的字典可以使得来自道德的反应显得合法，正如同渎神者正好可以确立起宗教的伟大和合理性。"

对于伊波利特·巴布来说，虽然他由于文学上的欣赏而不在乎经济利益而出版《恶之花》诗集，但是作为商人，他不得不做出一些姿态。在这本诗集中，不可否认地出现了很多阴暗和淫秽的字眼。在这种情况下，这篇诗集非常有可能遭受政府的处罚，所以伊波利特·巴布在出版时不得不说道："要让读者注意到诗中较为淫秽的描述，并且因此树立起正确的道德观。"

相比于出版商伊波利特·巴布的担心，作者波德莱尔由于自身的创作时的良好愿望，虽然自身意识到了敏感内容可能会造成危险和宗教界的攻击，但是他却"抱着对于社会理解力的美好期盼"。

但是他可能不会想到，这本诗集引起的攻击在以后会差点演变成为牢狱之灾。出于一种谨慎，他在诗集之中加了一段注脚："向所有的堕落和诡辩做出了直接的借鉴，用以练就自身的精神。"

除了加上必要的注脚以外，波德莱尔还在伊波利特·巴布的强烈建议之下，"不得不十分没有必要的"为《恶之花》全书加了一段小小的前言。这段前言是用诗歌的形式写成的，开篇就指出了这本书中的内容和对于恶的直白描写。

现在看起来，这段本来不在作者计划之内的前言，其实就是波德莱尔自己和伊波利特·巴布的谨慎所混杂的产物：

　　　　读者们啊，谬误、罪孽、吝啬、愚昧，

　　　　占据人的精神，折磨人的肉体，

　　　　就好像乞丐喂养他们的虱子，

　　　　我们喂养着我们可爱的痛悔。

　　　　我们的罪顽固，我们的悔怯懦，

　　　　我们为坦白要求巨大的酬劳，

　　　　我们高兴地走上泥泞的大道，

　　　　以为不值钱的泪能洗掉污浊。

在修改自己诗稿的时候，波德莱尔极为认真，为了自己数年来的心血，他表现出了追求完美的精神，他自己说，"谁不希望自己的孩子是最优秀的呢？"

《恶之花》诗集的全稿他一共修改了三次，甚至在出版的头一天，他还从样稿之中加入了几首新诗，拿掉了自己不满意的几首诗。对于波德莱尔的这种认真，出版商伊波利特·巴布感到十分无奈，他说："这本薄薄的诗集要让上帝和波德莱尔都满意才行。"

最后，伊波利特·巴布将此书印刷了1100册，在1857年6月28日正式出版发行。波德莱尔对于自身作品追求完美的精神，在这本书的印刷和装潢中也得到了体现。

这本书使用摩洛哥皮作为封面，全书都采用全羊皮的装潢，显得十分漂亮和优雅，在书脊上有着一道道突起的装饰，显示出了诗歌艺术的完美和精致，更显示出波德莱尔桀骜背后的内敛和安静。

可以说，天使的眼中即使充满着罪恶和丑陋，但是心中永远是充满着阳光和善良。这本书的出版对于波德莱尔来说，可能是他一生中最为重要的时刻。因为这些诗歌都是波德莱尔自己心中的歌声，揭露了丑恶，但是却洗涤着人们的灵魂和心灵。

在此书出版后，波德莱尔马上写出来一个赠书名单，有自己的母亲、爱伦·坡、大仲马、杜篷等人。十分有意思的是，他还给欧皮克将军寄出了一本。对于出版界和新闻界，波德莱尔认为"他们虚伪透顶，不配拥有我的诗集"。

但是伊波利特·巴布却出于宣传的需要，向很多报纸寄出了《恶之花》，也许沉浸于出版喜悦的诗人和伊波利特·巴布都没有意识到，这个行为在此后险些酿成大祸。

但是仿佛就像是上天的安排一样，在波德莱尔向欧皮克将军寄出自己的《恶之花》的同时，68岁的欧皮克将军在巴黎的家中去世，这位职业军人度过了自己传奇的一生。在他的墓碑上，刻着自己所设计的，以握着宝剑的手为图案纹章，在下面刻着一行拉丁文：一切都来自于宝剑！

在这位继父去世以后，波德莱尔和母亲之间就没有能够妨碍他们的人，在欧皮克将军去世之后的一段时间，为了安慰和照顾母亲，波德莱尔回到了家中陪着母亲一起度过了一个月的时光。

根据波德莱尔的回忆，虽然有时候欧皮克夫人对中产阶级情调的过分追求和对于生活细节上的注意经常会受到儿子的嘲笑，但是这段时光过得很幸福，"至少在家里我可以在写作的时候吃上美食了！"

3. 《恶之花》风暴

波德莱尔的《恶之花》出版之后，不仅在法国文坛引起了巨大的反响，而且轰动了整个法国社会。

在路易·拿破仑·波拿巴复辟成功之后，出于稳定政治统治，并且压制民众言路的需要，对于整个法国的出版行业进行了严格的法律管制。在政府所采取的这种严格的法律管制之下，很多作家因为自己的作品受到了政府的制裁，甚至被政府牵强附会地用莫须有的罪名投入了监狱。

比如写出《石膏女郎》的格萨维埃·德·蒙泰班，因为"在作品中讽刺王室公主的生活"这一罪名被判处3个月的徒刑和巨额罚款,其实可怜的格萨维埃·德·蒙泰班只不过在书中虚构了一位"放荡的公主"。

莫泊桑的老师、法国著名文学家福楼拜也险些被第二帝国政府投入监狱。当时福楼拜完成了自己最为著名的作品《包法利夫人》,这篇传世名著写出了在当时法国社会中,人和人之间的冷淡和一位女子的悲惨命运,十分形象地用文学的形式对社会丑恶大加批判。

《包法利夫人》这部小说作品在世界文学史上占有着极为重要的位置,在当时却因为较为直白和露骨的语言和描写,以及对于丑恶人心的赤裸揭露等内容引起了法国文坛"正统"文学家们的强烈抨击。

在《包法利夫人》这部作品中,确实存在着对于肉欲较为直白的描写,但是就如福楼拜说的那样:"想要批判,必先说明。" 在当时第二帝国的严格管制之下,这部作品很快受到了当局的指控,所指控罪名是所谓"《包法利夫人》里让人作呕的淫秽内容败坏了社会道德,并且用让人无法忍受的语言诽谤宗教"。

天主教会也因为福楼拜在《包法利夫人》一文中揭露教会的黑暗,讽刺地称呼福楼拜为"撒旦的传音者"。此后,还不断地向当局施加压力,要求当局"必须维护上帝的尊严,并且从严惩办!"

最终,福楼拜得到了当时法国著名律师塞纳的辩护,整个法国社会的读者和作家都在大声呼吁支持福楼拜,并且在当时第二帝国马蒂尔德公主的秘密干预和帮助之下,最终法院判定政府所指控的福楼拜"破坏社会道德和宗教"以及"有伤风化"的罪名不成立,将福楼拜无罪释放。

在经历了这段时间的风波之后，险些遭遇牢狱之灾的福楼拜不得不放弃了现实题材的创作，转向历史题材作品的创作。著名小说《萨朗波》等古代题材，就是福楼拜在这段时间所创作完成的。福楼拜作为法国的著名作家，都因为政府的压迫受到迫害，其他的作家所遭遇到的管制相比福楼拜更甚。

所以，在当时的法国文坛，作家们为了自保，都开始追求那些雕章琢句、无病呻吟的文章，而不敢去写个性新颖、尖锐有力的文字。正因如此，波德莱尔的《恶之花》出版之后，如同在死水中投入了一块巨石，在整个法国文学界掀起了极大的波澜。

首先发难的是《费加罗日报》，有一位文学评论家发表了一篇短文，说："并不是要对谁进行道德上的批判，也不是要对什么人进行判决，但是希望法院和政府能够注意《恶之花》的发表。"

在这篇文章中，作者对于波德莱尔和他的诗集大加讽刺："如果一个20岁的作者能够写出这样的文字，那么我们还可以宽容和理解，但一个已经30多岁的作者，写出这么肮脏的东西就是说不通的了。"

被《费加罗日报》批判的最猛烈的是《恶之花》中的三首诗，包括《圣彼得的背叛》《莱斯波斯岛》和《被诅咒的女人》。在《圣彼得的背叛》中，波德莱尔表现得极为大胆，不论是象征主义或者什么理由，能够在诗中如此戏谑当时人们所竭诚信仰的上帝，足可以体现诗人伟大的勇气：

——当然，至于我，我将满意地离开，

这个行与梦不是姐妹的世间；

让我使用这剑，让我毁于这剑！

圣彼得背弃了耶稣……他做得对！

除了这篇文章中所提到的三首诗歌以外，《恶之花》中的另外几首诗歌，因为其中也有对宗教的大量不满和辛辣讽刺，而被《费加罗日报》批判为"渎神之作"，其中包括《凶手的美酒》和《撒旦的进祷文》。

此外，包括《变形鬼》和《首饰》等几首诗被批判为"用粗鲁的笔法无时无刻地不在表现出一种令人感到厌恶的最淫荡的意向。"

在这篇文章发表之后，法国政府和"正统文学家们"掀起了批判波德莱尔的高潮。第二帝国内政部部长向总检察长写了封信，这封信上写道："这本疯子所做的诗集之中有好几首诗在我眼里都触犯了侮辱道德罪，比如《亚伯与该隐》《撒旦的进祷文》《凶手的美酒》和《被诅咒的女人》等几篇。这都是不健康的出版物，都是极不道德并且会引起社会上的公愤，建议检察机关将他送上法庭。"

《费加罗日报》所得到的《恶之花》是出版商伊波利特·巴布为了宣传，免费寄给编辑部的。但是没想到伊波利特·巴布这一宣传手段弄巧成拙，反而让这些"正统道德"的编辑们认为是波德莱尔对于他们的一种挑衅，开始聚在一起对这本书，以及作者波德莱尔本人大加批判。

对于《费加罗日报》编辑们的行为，用波德莱尔的话说，那就是："这帮庸人发现有人比他们聪明，他们就需要保护住自己的逻辑和秩序。"

当时的波德莱尔受到了极大的冲击，并且有风声说，政府要逮捕自己并且查抄自己这部《恶之花》。对于波德莱尔来说，他是十分看重自己的诗集的。所以为了避免诗集被查封，他赶忙给伊波利特·巴布写了一封急信。

信中的口气显示出诗人当时焦急的心情，上面写道："快，赶快把书藏起来！这就是您把书寄给《费加罗日报》的后果！赶紧把书卖完！这样诗集就不会被政府查封了，即使政府起诉我，我也可以迎接一次光荣的诉讼。"

这个时候，被波德莱尔批评的出版商伊波利特·巴布就显得十分无辜了，因为作为一名书商，能够出版这本根本不会有巨大利润的纯文学诗集，对于他来说已经是很不容易的。至于寄书向《费加罗日报》的行为，日后他说道："我完全没有想到那些编辑会如此的无耻。"

我们可以看出，波德莱尔对于自己《恶之花》这本诗集是多么的看重，对于他自己来说，这是自己数年心血和才华的结晶。对于这个不羁的浪子来说，自己所经历的所有的苦难，数年的穷困潦倒都是为了这本书。

正是因为这份对于《恶之花》的感情，波德莱尔并不十分在乎自己是否入狱，正如他所说："应付法院这些狗和摆脱牢狱也不是一件很难的事情。"在这关键时刻，波德莱尔首先想到和要保护的就是自己的诗稿，如同在大难来临之际父母总是保护自己的孩子一样。

在法国那些正统的文学家和帝国保守官员的鼓动之下，第二帝国的法律机器开始运转起来，所有的压力都压向了波德莱尔和他的

《恶之花》，波德莱尔的处境很不乐观。

波德莱尔感到了情况的严峻，急忙找到了原先曾经合作过，发表他所翻译爱伦·坡作品的《环球导报》的编辑，请他们发表一篇赞扬《恶之花》的文章。因为他觉得，如果在第二帝国的官方报纸上能够有一篇赞扬自己的文章，这样舆论转向，自己也不会受到攻击。

在波德莱尔的请求之下，法国第二帝国的官方报纸《环球导报》发表了专栏作家爱德华的一篇文章，对于波德莱尔和他的《恶之花》表示了支持。这篇文章中说，波德莱尔是伟大作家但丁的追随者，都是用冷峻的文字写出人类内心的罪恶。在恶的面前，波德莱尔没有选择退缩和回避来追求所谓的道德，而是正视人间的罪恶，把邪恶当成自己了解的敌人，并且和邪恶相斗争。

但是让波德莱尔没有想到的是，虽然官方报纸已经发文表态，社会的舆论却没有转向，对于他和他诗稿的攻击仍在进行。在天主教会的《布鲁塞尔报》上，有一篇批判波德莱尔的文章更加尖锐，上面写道："跟这部《恶之花》相比，充满淫秽的《包法利夫人》就相当于一本十分虔诚的书了。"就这样，在这些"正统"文学家和保守媒体的推波助澜之下，整个法国文坛和出版行业都在对波德莱尔和他的《恶之花》进行着激烈的讨论。

第二帝国政府十分害怕这次争论会打开被政府高压封锁的言路，继而会有反对帝制复辟文章的出现。在这种政治目的的影响下，第二帝国政府决定尽快平息这一时期法国社会文学界的动荡。当然，对于政府来说，要想平息这场动荡，最简单的办法就是处罚波德莱尔和查封《恶之花》。

第五章　永不屈服

1. 法庭审判

7月17日，帝国总检察长决定对波德莱尔和伊波利特·巴布进行传讯，并发布命令，开始查抄《恶之花》。

对于政府的这一做法，很多法国文学家都表示反对，同时他们对于波德莱尔和《恶之花》，都表示出了极大的支持。在一篇署名为梯也利的文章中，作者梯也利写道："这本书只是为了一小部分而写，我们应该只看重波德莱尔在这篇文章中所赋予的思想和内涵，这一本书十分优雅和理性地说出了人们的道德，是要正视邪恶，对于人生充满着绝望和忧伤。"

梯也利同时也很客观地指出了《恶之花》的不足。他认为《恶之花》虽然写得十分"具有文学性"，但并没有在书中加入一些寓言，让普通读者无法看出其中所包含的伟大思想。

梯也利对于《恶之花》的分析十分客观，就如同波德莱尔给母亲的信中所说的那样："我向来认为，文学和艺术应该追求的目的，和道德所追求的目的完全不一样。只要有构思和风格，有自己的灵魂，这样对于我来说就已经是足够了。"

对于波德莱尔和他《恶之花》所引起的风波，在第二帝国高层也引起了极大的争论。第二帝国皇族事务部的部长阿希尔·福尔德，这位喜欢文学的部长对于波德莱尔表示出了同情，并且在高层会议上对于波德莱尔和《恶之花》表示出了极大的支持。

为此，波德莱尔专门写信向阿希尔·福尔德就此事表示出感谢："听说阁下您在帝国内阁会议上为我说了话。我的母亲已经写了一封信向你表示感谢，今天我抓住机会对于您所做的纯个人性的帮助表示深深谢意。"

　　当然，也不是所有的帝国高官都同情和理解波德莱尔，写信给总检察长要求惩治波德莱尔的帝国内政部长，还有司法部长阿尔巴齐都力主惩治波德莱尔这个他们眼中"胡言乱语的疯子"。对于波德莱尔引起的风波，支持派和反对派代表着两种势力，一方保守，一方开明，在帝国很多问题上看法不同，互相之间争权夺利，双方积怨甚久。

　　对于争斗的双方，可以这么说，波德莱尔只是双方矛盾争斗的一个工具。波德莱尔也十分清醒地认识到了这一点，他在给司法部长阿尔巴齐的信中写道："我请求您，放过我这个法国唯一还敢说话的共和派吧！"

　　与此同时，波德莱尔在给对他表示支持的皇族事务部部长阿希尔·福尔德的信中写道："部长先生，我在这里不得不十分坦诚地告诉您，我需要您的帮助。您我相信，您和那些老顽固不一样，您的文学修养和您的思想十分伟大。"

　　从这两封态度、语气和内容截然不同的信件中可以看出，波德莱尔希望能够挑动开明派的皇族事务部的部长阿希尔·福尔德，让这位高官和保守派的内政部长、司法部长阿尔巴齐之间产生对立，最好是"双方打起来"，如果能够这样，自己身上的压力就会大大减少。

　　虽然这个计划表面看起来十分完善，但是波德莱尔低估了政客们的智商，也高估了政客们的道德，因为没有人愿意为了保护自己而得罪保守派的部长，不久后矛盾的双方达成妥协。而波德莱尔，这个十分渺小的人成为了替罪羊。

在第二帝国政府高层达成惩罚波德莱尔的共识之后，法律机器十分及时地开动起来，预审法官卡缪萨向波德莱尔下达了传讯的命令。

尽管波德莱尔付出了很大努力，但是最终没有获得成功，他不得不对母亲哀叹道："这些人是故意的，渺小的我根本无法抗拒他们！我在这里缺少一位女性，那就是曾经营救过福楼拜阁下的马蒂尔德公主，如果她能介入，我基本上就安全了。但是我就是绞尽脑汁也想不出办法来。"

欧皮克夫人却没有放弃对儿子的帮助，她写信找到了担任参议员的作家梅里美，也是作家界在参议院中唯一的一个代表。她向梅里美寄去了儿子的《恶之花》，用十分谦卑的语气请求梅里美帮助。

对于这位好友遗孀的请求，梅里美回信给欧皮克夫人说，他看了这本诗集，说这本诗集和那些被抛弃的男人一样的幼稚和天真。所以他没有在参议院会议上为波德莱尔讲话，只是提醒说，希望这事能让政府妥善解决。

负责审理此案的预审法官卡缪萨在给波德莱尔的传讯令中，重点提及了13首诗。法官认为，这13首诗歌的发表，对法国社会的公众道德和宗教道德造成了极大的损害。

在《恶之花》中被指控的这13首诗分别为：《圣彼得的背叛》《被诅咒的女人》《亚伯与该隐》《凶手的美酒》《撒旦的

进裤文》《首饰》《她没有满足》《莱斯波斯岛》《美丽的船》《忘川》《吸血鬼的变形》《红发乞丐》和《致一位过于快乐的女性》。

波德莱尔的辩护律师是圣佩普，这位商业律师显然对于这个案子不怎么感兴趣，因为这无法带给他巨大的收入。波德莱尔也意识到了这一点，他给他母亲说道："如果我这个案子能赚大钱，那么圣佩普先生一定会比我还要激动和努力。"

因为没有足够的动力，律师圣佩普对诗人的态度十分敷衍，他只是为面临牢狱之灾的诗人提供了"很小的辩护"。就如波德莱尔所言，圣佩普的辩护就如同给自己的梅毒辩护一样幼稚可笑。

波德莱尔在开庭前一直在努力着，他一直试图改变这本书带给人们的印象，希望能够被人们"从整体上进行阅读"，因为这样，这本书就可以"带给人们一种可怕的道德性"。为此，波德莱尔收集了很多报纸上赞扬自己的文章，包括《环球导报》爱德华的文章和梯也利等人的文章。波德莱尔把这些文章都印刷成了16开的大小，将其装订并且准备了100份，分别寄给了各位法官和检察官。

另一位险些遭遇牢狱之灾的法国著名文学家福楼拜也伸出了援手，他说道："我们作家被禁声太久了！"为了能够援助波德莱尔，他曾经专门拜访了很多官员，甚至还找到了马蒂尔德公主。福楼拜在自己的文学评论中对于波德莱尔表示了声援，他写道："他们可以给一个愚蠢的诗人全国性的荣誉和国葬！给一个只是歌唱浅薄爱情和道德的混蛋资产阶级诗人！但是他们却容不下一个波德莱尔！"

在1857年的8月20日，专门审理骗子、妓女和皮条客的第六轻罪法庭开庭审理波德莱尔一案。4名法官审判这个案子，代表第二帝国政府对波德莱尔提起诉讼的是检察官皮纳尔。波德莱尔评价他"十分睿智，还有让人害怕的气质"。在审理之前，波德莱尔曾经拜访过这位检察官，向皮纳尔表达了自己得知被起诉之后的惊讶，并且说明了自己的作品和自己的文学理念。

检察官皮纳尔是否真的相信波德莱尔所说的不得而知，但是"他至少相信了他将要在法庭上进行起诉的人是满怀真诚的，并且在文学上是光明正大的"。也许正是因为如此，皮纳尔检察官在法庭上对于波德莱尔进行起诉的时候，语气十分温和，也没有攻击波德莱尔本人，只是围绕《恶之花》中的诗句进行谈论。在法庭上他首先朗诵了波德莱尔的一些诗句，并请法官注意"极其特别的句子"。

他分别分析了《恶之花》中的几首诗歌，并且指控《莱斯波斯岛》和《被诅咒的女人》两首诗歌描绘了"女同性恋的隐秘"。此外，他还向法庭控诉《恶之花》中的《吸血鬼的变形》触犯了有关公共道德规定，而《圣彼得的背叛》《亚伯与该隐》和《撒旦的进祷文》三篇诗句有违于人们所普遍认同的宗教道德。对于这些问题，这位检察官没有得出最后的结论，而是请求法官予以考虑和判断。

对于社会上，特别是文学界对于波德莱尔的辩护和支持，皮纳尔检察官也针锋相对地提出了反驳的意见。

那就是波德莱尔的诗句并不是"为了批判罪恶而写罪恶，而只是这位奇怪的诗人为了标新立异和不符合大众标准的价值观所影响，和文学的自由没有关系"。对于福楼拜所提出的，一些受到政府庇护作家的作品存在同样问题而没有受罚，检察官皮纳尔解释说，检察院和政府的人也不是万能的。

在起诉的最后，皮纳尔检察官说："对于诗人波德莱尔，我们应该宽容，因为他是一个精神上不完全正常而且本性忧郁的文人。对于印刷商伊波利特·巴布，因为他自己并不具备文学修养，而且是在作者波德莱尔的鼓动和担保下才出版这本书的，所以也应当适量地给予宽容的处罚。但是请各位法官注意，虽然宽容，但是并不是意味着不予处罚，我们需要以儆效尤，至少判令诗集不能继续出版。"

虽然皮纳尔检察官采取了十分不好的词语来形容我们的诗人，但是就一个检察官的职责来说，这份诉讼并不是十分严重，比福楼拜当年因为《包法利夫人》一书所受到的诉讼要轻很多。但是波德莱尔却对这些指控感到十分生气，他气愤地对友人说："伟大的头脑和才学在这个愚蠢和平庸的年代是多么可悲的一件事情啊！"

对于波德莱尔来说，他的诗句只是在揭露丑恶，但是那些审判他的人，才真正是丑恶的代表。

另一位辩护律师居斯塔夫·德·埃斯特，针对皮纳尔检察官的指控，发表了一篇辩护演讲。这位居斯塔夫·德·埃斯特就是当年给福楼拜辩护的，那位法国著名律师塞纳的儿子。相比于皮纳尔检察官所做的公诉词，埃斯特所做的辩护词显得更加地软弱无力。相比于他的父亲为福楼拜所做的辩护词来讲，对于法官来说十分没有力度和说服力，只能说是一种无力的抗议。

埃斯特为波德莱尔所做的辩护词中说道："我们这位诗人，波德莱尔先生就是当代的但丁，就如同作家爱德华和梯也利先生所说的那样，是一位伟大的揭露人心灵丑恶的诗人。"对于公诉人所指控的，波德莱尔在《吸血鬼的变形》等诗中所宣扬的"违背社会公众道德"的问题，埃斯特说道："这正是波德莱尔先生的伟大之处，他勇敢地说出了人间的丑恶，并不是拥护罪恶的行为。"

社会上包括一些文学家在内的很多人，其实都并不真正地理解和读懂波德莱尔诗中所蕴含的思想。他们只看到了表面较为直白的描述，就开始对波德莱尔大加批判。如同当时法国文学院的教授们所说的那样，波德莱尔这位年轻诗人所谓的诗歌"不过是爱好者的作品，只是散诗的简单汇集"。对此，埃斯特说道："不论是从诗歌的艺术性还是道德角度，这部诗集中所包含的内容没有被真正理解。"

在辩护词的最后，埃斯特还引用了波德莱尔在《恶之花》中的一句注脚"向所有的堕落和诡辩做出了直接的借鉴，用以练就自身的精神"来进行说明。他说道，波德莱尔在诗集之中有的语言确实有冒犯道德的嫌疑，但是这段话却表明了波德莱尔只不过是一个演员，让民众的眼中看到"恶的表演"。他在最后结尾的时候说道："如果要是每个人都因暴露恶被捕审判，这个社会还有什么公平呢？"

相比于审判福楼拜的时候，背后政治角逐和操作引起的延期审判来说，关于波德莱尔和他的《恶之花》却十分迅速，当天便下达了判决。法庭的四位法官在经过半小时的短暂商议之后，认为检察官对于波德莱尔和他的《恶之花》有损宗教道德的指控不成立。

法院四位法官对于检察官另一指控，也就是所谓有伤公共道德和社会风化的指控最终裁决为成立，因为诗集内确实具有"淫秽和不道德的内容和修辞手法"。在这几首诗之中，波德莱尔确实采取了象征主义的写法，采取了较为露骨的修辞的文风，比如《首饰》一诗：

> 她像被制伏的虎紧紧盯着我，
>
> 茫茫然做梦般试着种种姿势，
>
> 淫靡放荡与天真的坦率结合，
>
> 给她的变化增添了新的魅力；
>
> 她的手臂和小腿，大腿和腰肢，
>
> 油一样光滑，天鹅般婀娜苗条，
>
> 在我透彻宁静的眼睛前晃动；
>
> 她的肚子和乳房，一串串葡萄，
>
> 向我逼近，比堕落天使更温柔，
>
> 要扰乱我的灵魂栖身的休息，
>
> 要把它从水晶岩上打翻赶走，
>
> 它原本安坐其上，平静而孤寂。

最后，因为有伤公共道德和社会风化，波德莱尔被判处了300法郎的罚金，出版商伊波利特·巴布被判处了100法郎的罚金。除此以外，法庭还判决，在今后《恶之花》的出版中，下令删除以下几首诗歌，并且判定这几首诗歌以后不得再发表，其中包括《首饰》《忘川》《致一位过于快乐的女性》《被诅咒的女人》《莱斯波斯岛》和《吸血鬼的变形》。这些诗歌一直到1949年才最终解禁。

在判决书中，四位法官是这样写的："我们做出审判的理由是，波德莱尔作为一个诗人，不论他自己想要达成的是什么样的目标、也不论是什么样的风格、也不论为了目标采取什么途径、也不论他是否对于所描述的内容进行了谴责，最终他还是错误的。因为无论是什么样的文学，都无法抹去他在作品中呈现给读者们的画面中的阴暗。这些阴暗都是一种粗俗的，有损于廉耻的手法去刺激读者。"

2. 被判有罪的日子里

法院做出审判之后，波德莱尔在法庭外面碰到了友人杜篷，杜篷见波德莱尔愁眉不展，问道："看您这么气愤，您原来是不是认为法院会宣布您和您的作品会被判无罪呢？"

波德莱尔听见这话以后，"眉毛突然上扬"，说道："什么？宣判无罪？我原来还以为他们会在名誉和尊严上向我道歉呢！"甚至说完这些话以后，波德莱尔还等检察官皮纳尔会"很有礼貌地请他吃饭"。

波德莱尔的乐观确实不现实，但是这却是源之于他自己的性格和内心。他无法理解这些庸俗的人为什么判决他和他的作品有罪，在他的心中，他的作品是完美的，是真正的灵魂之歌。就像一个天使一样，因为自己拥有一个美丽的内心，所以永远无法理解人类灵魂深处的黑暗和丑恶。

就如同他在给母亲的信中所说的那样："我亲爱的母亲，我觉得您真是从来没有理解过我自己心中那令人受不了的敏感。当我将这种敏感表现出来的时候，人们却把我当成怪物和另类。"

在法庭作出判决之后，波德莱尔才真正地意识到，不仅仅是自己的诗歌，就是自己也不会被这种"庸俗的世俗"所接受，在写给母亲的信中他说："我现在明白了，我遭受现在的一切并不是因为我的作品，或者是什么文学理论，更不是因为什么展现给读者阴暗面。我现在所有遭受的这一切，其实都是源自于我个人。"

在明白这个道理后，波德莱尔没有选择上诉，因为他知道那是无用的。

当然，即使波德莱尔心中对于法院判决的公平存在着异议，但是对于判决结果却必须执行。出版商伊波利特·巴布和马拉西对《恶之花》诗集进行了一次"外科手术"。将法院判令的《首饰》《忘川》《致一位过于快乐的女性》《被诅咒的女人》《莱斯波斯岛》和《吸血鬼的变形》六首诗歌从书中删去。波德莱尔十分的不愿，但是却不得不去执行，就像他自己所说的"我的书被阉割了"。

但是到了最后，伊波利特·巴布想出了一个十分聪明的办法来应付法院的判决。他和波德莱尔商量以后，决定把被删除后的诗集重新排版，重新印刷，将被删除的六首诗歌以卡片的形式夹在书中出售。另外一些之前印刷的图书被重新印上出版时间，以在判决下达前出版的名义出售。在这位聪明的出版商的安排下，波德莱尔的这六首诗歌实际上并没有受到影响。

一直到了1949年，波德莱尔的这六首诗歌才被最高法院正式解除禁令。根据当时法国政府所颁发的法令，规定构成有伤风化禁书必须要有出版事实、书中确实有着详细的淫秽描写以及作者意图宣传淫秽这三个要素。

对于波德莱尔《恶之花》一书中当年被法院判令被禁的六首诗歌来说，第一条出版事实是不可否认的。但是对于后面两条要素，也就是详细淫秽描写和作者意图宣传淫秽的规定，波德莱尔《恶之花》中的那六首诗歌显然不符。

因此，最高法院的法官们决定解除对于波德莱尔《恶之花》中六首诗的禁令，法国最高法院发表文告说："对于波德莱尔和他的《恶之花》，在那个年代一开始出版的时候就引起了人们的关注，并且被当时的人们所普遍认为是有伤风化。当时对于这本书的评判只强调了诗句之中的现实意义，而忽略了其中更为伟大的象征意义。所以我们现在认为，当时对于波德莱尔作品的判决是十分武断的。"

但是在当时，法院所判定的300法郎的罚款，对于穷困潦倒的诗人来说，无疑是一笔"巨款"。在这种情况下，波德莱尔决定向第二帝国路易·拿破仑·波拿巴的妻子，当时的皇后写信，请求皇后能够干预，减少罚款的数目。

在这封信中，波德莱尔用少有的谦卑语言写道："我不幸因为《恶之花》这本诗集受到了审判，我相信皇后陛下能够明白这本书中所写的内容，这笔罚款远超过我的承受能力，希望陛下您能够帮助您的臣民。"

虽然皇后最终并没有对于此事进行干预，但幸运的是，波德莱尔的律师埃斯特的父亲，也就是为福楼拜进行辩护的律师塞纳被任命为第二帝国的总检察官。这位总检察官对于自己儿子的这位客户，采取了一些措施进行了帮助。

最终波德莱尔被帝国总检察院以"受罚人确实有悔过的表现"

的理由，把罚款从300法郎减少到50法郎。也就在此时，波德莱尔收到了因为翻译爱伦·坡所得到的政府100法郎的奖励。

　　出人意料的是，波德莱尔并没有用这100法郎去交付罚款，甚至可以说他根本就没有要交罚款的打算。甚至在败诉之后，诗人还兴致勃勃地写了一首《赎金》的诗，对于法官大加讽刺。当然，这首诗歌很快也被禁了：

> 为了支付他的赎金，
>
> 人有两块凝灰岩地，
>
> 既深厚又富有肥力，
>
> 须用理性之铁开垦；
>
> 为获得玫瑰一点点，
>
> 为夺取一点点谷穗，
>
> 须灰白额上的咸泪，
>
> 不断地把他们浇灌。
>
> 一块艺术，一块爱情。
>
> ——为了使法官发悲慈，
>
> 到了那可怕的日子，
>
> 严厉的审判要举行
>
> 　必须向他展示谷仓
>
> 和鲜花，粮食满登登，
>
> 鲜花的色彩与外形要
>
> 　赢得天使的赞赏。

　　由于波德莱尔对于判决一直保持沉默，特别是在罚金问题上的沉默，法院向波德莱尔连续发了两张缴费通知单。在通知中，法院告诉波德莱尔：波德莱尔先生，如果您还是不肯缴纳罚款的话，那么我们不得不以抗拒判决的事实对您进行指控，这样您很有可能被判处3个月的监禁。

在这场判决之后，波德莱尔消沉了很长时间，并非因为罚款，主要是诗人觉得人们无法理解他文学的艺术性因而感到失望。在那一段时间内，他整天待在咖啡馆中消磨时光。

一位记者记录下了当时的波德莱尔："正在用餐的波德莱尔没有系领带，露着脖子，满头黑发都被剃光，浑身穿着十分随意。不恰当地说，诗人这个时候就像是要上断头台一样的随意，仿佛已经不属于这个世界。"

虽然这场判决使得波德莱尔六首诗歌被禁，并被罚款，可谓十分失意，但是仿佛上天要补偿这位孤单的天使一样，审判过后，波德莱尔名扬四海，成了法国文坛上人尽皆知的公共人物。

由于这一次"光荣的审判"，波德莱尔的生活和《恶之花》《1846年的沙龙》等作品被世人所注目，人们觉得这位挑战权威的年轻诗人是一个传奇，是一个敢于和整个世俗世界相抗衡的"精神侠客"。如同波德莱尔自己在被法庭所指控"有损宗教道德"的《撒旦的进祷文》一诗中所写的那样：

你呀，最博学最俊美的天使呀，

你被命运出卖，横遭世人谩骂，

啊撒旦，怜悯我这无尽的苦难！

他的《恶之花》和其他作品迅速传播开来。法院的禁令反而使得人们更加好奇诗歌的内容，这六首诗歌比先前流传得更广。

对于政府这种弄巧成拙的现象，波德莱尔曾经戏谑地说道：

"我确实要谢谢他们，他们让我出名了，至少这些诗歌流传得更加广泛了。"也正是因为这场审判风波，波德莱尔此后发表新文章和诗句的时候，总有很多人在帮助，因为大家都想"看看这个人又说了什么惊人的语言"。

同时，波德莱尔虽然因为《恶之花》被第二帝国所审判，但是却受到了福楼拜和雨果等著名文学家的赞誉。

雨果所说"波德莱尔的《恶之花》光芒耀眼，仿若夜空的星辰"被无数诗歌爱好者所熟知。福楼拜也曾经因为自己的作品受到过第二帝国的审判，所以对于波德莱尔当时的情况，他感同身受。他向波德莱尔写了封信表示支持，他写道："您就像大理石一样坚不可摧！像大雾一样让人弥漫其中！"

此外，福楼拜对于这位文坛的后起之秀称赞道："您用自己的笔让夜里的魔鬼说出了自己的秘密，您有着一种十分独特的优秀文笔。我亲爱的孩子，您已经十分有名，而且您将会在以后越来越得到赞誉。"

除了福楼拜以外，很多友人都写信给波德莱尔来表示支持和鼓励。波德莱尔的友人圣佩甫给波德莱尔的信中说道："现在的体制所能给的少见的荣耀，您刚刚就得到了。这种叫作司法的体制以被称为道德的东西为标准，并且判处了您的有罪。"

对于这些文学家来说，他们之所以给予波德莱尔和他的《恶之花》如此高的评价，除了敬佩他和政府相抗衡的勇气以外，还有就是为《恶之花》的艺术水平所倾倒。

具体来说，那就是波德莱尔对于浪漫主义的挽救和对象征主义的开创。波德莱尔的诗歌使法国浪漫主义恢复了青春，挽救了当时处于浪漫主义暮年状态的法国文坛。

波德莱尔深入到浪漫主义文学曾经探索过的未知世界的底层，在那里唤醒了一个精灵，这精灵日后被称作象征主义。而波德莱尔，也被世界文学家公认为象征主义的开山鼻祖。

波德莱尔在浪漫主义和象征主义之间架起了一座桥梁，然而这是一座向内伸展的桥梁，直通向浪漫主义的最隐秘的深处，连浪漫派诗人都不曾意识或不曾挖到的深处。而波德莱尔，是人类走入这片秘处的第一人。

波德莱尔是有意识地寻求解决人的内心矛盾冲突的途径，也就是说他要"到未知世界之底去发现新奇"，与已知的现实世界的丑恶相对立。在这个过程之中最为重要的是离开这个世界，哪怕片刻也好。由此可见，波德莱尔能够成为象征主义鼻祖绝非偶然，而是在努力追寻之中所发现，在灵魂深处所进行的冒险；并且用来直接叩击读者的潜意识的大门，剥露出生活中的那超自然的一面。

波德莱尔的创新之处，在于他把人间的超自然现象在诗歌创作中的地位提高到空前未有的高度，成为他写诗的理论基础，从而也促使了象征主义的诞生。因此，他虽然也使用传统的象征手段，但象征在他那里，除了修辞的意义之外，还具有本体的意义，因为世界就是一座"象征的森林"。所以象征是外部世界的固有之物，要由诗人去发现和表现。

利用象征主义来创作诗歌，表现整体的手法对于波德莱尔来说，那就是所谓"富有启发性的巫术"。

自波德莱尔之后，特别是象征主义成为一次文学革新运动之后，象征主义的诗人虽面貌各异，却也表现出某些共同的倾向。

这些象征主义的诗人们，都和波德莱尔一样，认为世界的本质隐藏在万事万物的后面。在他们的意识中，诗人处于宇宙的中心，能够穿透事物的表面现象，洞察人生真正的底蕴。对于诗人来说，他们的使命在于把他看到的东西破译给人们，认为词语创造世界。

很明显，对于上述的这一切，我们都可以在波德莱尔的《恶之花》中找到最初的痕迹，这部诗集也是象征主义来到这个世界上第一声啼哭。

3. 世俗的攻击

波德莱尔的《恶之花》引来了一片赞扬声，但是在当时，整个法国社会对于波德莱尔的反对和讽刺的声音也十分多。其中批判波德莱尔最为积极的就是《费加罗日报》。

在波德莱尔的《恶之花》出版之后，《费加罗日报》是第一个批判波德莱尔的，在波德莱尔被判罚有罪之后，《费加罗日报》又开始了新一轮对于波德莱尔的攻击。在波德莱尔被判有罪的第三天，《费加罗日报》就发表了一篇文章，题目是"全国性的公民运动，审判波德莱尔的胜利！"

在当时，《费加罗日报》不仅在语言上对于波德莱尔和他的诗集进行着攻击，甚至还刊登了两张讽刺波德莱尔的漫画。

在第一张漫画中，画家故意表现波德莱尔就好像是一个可怜的白痴，穿着十分幼稚的衣服，低着头闻着一束名为"恶之花"的花朵，旁边则是一些穿戴整齐的"绅士"纷纷掩鼻而逃。在第二张漫画中，一个做父亲的人站在那里大声地怒吼："是谁把可憎的波德莱尔写的《恶之花》放到了我的女儿手中？"在男人旁边，一个十分清纯的少女正在哭泣。

对于《费加罗日报》长久以来的批判和攻击，波德莱尔并没有打算回击。出版商伊波利特·巴布对于波德莱尔的沉默感到十分奇怪，究竟是什么原因让这个骄傲的人可以无视对于他的攻击呢？

感到十分奇怪的伊波利特·巴布写了封信给波德莱尔询问原因，波德莱尔在回信中写道："我没有看到过您所说的《费加罗日报》上有关于我和我诗集的文章。即使看到以后我也不会去在意，因为这份《费加罗日报》是一份只配用来擦屁股的报纸。我的诗中揭露了他们肮脏的灵魂，所以这些人肯定会报复。"

除了一直对于波德莱尔和《恶之花》大加批判的《费加罗日报》以外，法国那些"正统文学家"也对波德莱尔开始了口诛笔伐。

曾经因为出版《被解放的普罗米修斯》，被波德莱尔大加讽刺的路易·梅纳尔在波德莱尔的《恶之花》出版之后，就开始在《哲学与宗教杂志》发表了抨击和批判波德莱尔的文章。在路易·梅纳尔的这篇文章之中，梅纳尔用一种"严肃而且具有文学理论"的笔法对于波德莱尔和《恶之花》进行了十分无聊的批评。

这篇文章中写道："作者一定是一位笨手笨脚并且穿着黑色大衣、眼睛近视的大男孩。他最大的缺点就是在那些青年时代的人之间十分常见，那就是过多的浪漫和幻想过度，而且不符合实际。我希望这位作者在今后能够过正常人的生活，结婚生子，并且要写给自己孩子看的书。"

到了批判波德莱尔最为狂热的一段时期，甚至一些读者都加入了攻击诗人的行列，有一些理由看起来幼稚得可笑。很难想象当时每个读者都有欣赏象征主义的能力和水准，对于这些可笑的指责，波德莱尔曾经评价过，这就是拿着面包的人笑话吃鹅肝松露的人吃不饱一样。

比如，有一位自称是大学生的读者向报社写信，他在信中要求警察对波德莱尔进行调查，原因是他怀疑波德莱尔真的亲自去做了在《恶之花》中所描述和揭露的罪恶。有位读者在读了《品行不端的玻璃工人》之后，甚至发表文章抨击波德莱尔十分无礼地对待了"一位没有卖给他彩色玻璃的工人"。

诸如此类的笑话数不胜数，对此福楼拜说道："这些人希望能够谈论文学界所争论的事情，用这来显示自己多么的有才，实在是可笑至极！"

但是，还没等波德莱尔对于这些幼稚的指责发出笑声时，一些针对攻击波德莱尔的笑话却开始流传起来。

比如有一个笑话说，波德莱尔在公园里碰见了一位领着幼子游玩的母亲，于是他上去问道："这是您的儿子么？"母亲骄傲地回答："是的，先生，这就是我的儿子！"波德莱尔这时却惊呼道："我的上帝啊！夫人，您儿子长得真丑，就像魔鬼一样！"

有一次，波德莱尔在聚会中认识了一位女士，这位女士得知眼前这个人是写出《恶之花》的波德莱尔之后，竟然惊讶地说道："先生，您就是那个报纸上经常说的波德莱尔？您的举止十分优雅，说实话，在看那些报纸的时候，我真的认为您是一个醉醺醺而且浑身散发着恶臭的流浪汉呢！"

这样的笑话和攻击数不胜数，其中最为有名的就是"波德莱尔吃人脑"的传说了。这则荒唐的传说是说有一天波德莱尔去饭店就餐，对着擅长牛排的老板说道："你要把牛排煎得像我喜欢的小孩脑髓一样可口。"

这则传说后来传得越来越荒谬，甚至有人说亲眼看到了波德莱尔吃一个小孩的脑髓。

这则"吃脑传闻"的真相，是十分可笑的。当时波德莱尔在一个酒吧里饮酒，伴酒小吃中有一盘核桃，波德莱尔砸开核桃以后，开玩笑地向友人说："这玩意儿真像脑子。"友人也笑道："那你把脑子吃了吧！"

波德莱尔和友人之间的玩笑话被旁边的一位记者听到，这位记者起初是当成一个善意的笑料讲给他人听。但是在波德莱尔被妖魔化之后，这个微不足道的故事竟然成了"吃脑"的可怕传说。

对于这一切攻击和侮辱，波德莱尔无论表面上是多么不在乎，他那倔强内心却是不可能平静的。

于是他找到画家朋友纳达尔，请画家为他做了一幅肖像画作为反击。在纳达尔所画的这幅画中，波德莱尔戴着一副镶嵌着钻石的绿色手套，优雅地站立在一具被苍蝇包围着的腐尸前，用标志性的忧郁眼神看着这一切，脸上是没有任何表情的安详和平静。对此，波德莱尔说："我就如他们所愿，做一次腐尸王子吧！"

在某些人的鼓吹之下，巴黎市民见面甚至会用有关波德莱尔的笑话来打招呼。在这种情况下，诗人已经无法忍受了，他决定离开巴黎，去瓮福勒尔找一年前就在那里定居的母亲。

4. 离开巴黎

在打定离开巴黎的主意之后，波德莱尔十分盼望着前去瓮福勒尔去找自己的母亲，离开巴黎这个带给他成功和痛苦的城市。

对于离开，波德莱尔在给母亲的信中显出了他所下的决心："我再次向您重复一遍，我已经下定了决心前去瓮福勒尔居住，我急切地希望在一个月之内前往。我想离开巴黎这个让人诅咒的城市，我在这里受了很多的苦，也丢失了很多宝贵的时间。我十分坚信，和您在一起的生活一定会十分幸福，就像我小时候和您度过的那一段幸福时光，我的精神也会随之变得年轻和幸福。"

但是上天仿佛不希望诗人的愿望早日实现，虽然他下定了离开巴黎前往瓮福勒尔的决心，但是因为债务，他却不得不在巴黎滞留了几个月。由于波德莱尔早年的挥金如土的生活，所以已经欠下了巨额的债务。

在一开始债务到期时，债主们并不向波德莱尔催还债务，波德莱尔也自然没有在意。但是直到以后，他才意识到"这是一个可怕的高利债陷阱"。这个时候，债务已经上涨到一种"可怕而且无法偿还"的状态了。

在《恶之花》出版之后，无数的债主蜂拥而至，因为他们坚信波德莱尔"会有一大笔稿费"。为了还债，波德莱尔不得不去借新债来还旧债，欧皮克夫人也拿出了一生的积蓄来替儿子还债。即便如此，一直到了去世的时候，波德莱尔还有一半的债务没有还清。

对于波德莱尔所欠下的巨额债务，当年法庭指定的波德莱尔监护人昂塞尔一直在为他偿还，对于这位友人的继子，昂塞尔也十分关心，甚至有时候关心得"吹毛求疵和专制"。

昂塞尔出于对这位好友的嘱托，和对这位好友继子的关心，经常去波德莱尔的家中，向邻居打听波德莱尔的情况："波德莱尔先生是不是总会带一些女人回家？他晚上回来得晚么？有没有夜不归宿的时候？他平时都在哪里吃饭？他平时花钱多么？"

虽然昂塞尔先生被波德莱尔称为"好心肠的专制"，但是就如同他与欧皮克将军之间的冲突一样，只要是对于自己的自由有所限制，那么必将导致波德莱尔的反抗。所以，昂塞尔先生和波德莱尔之间的关系一直十分紧张，直到波德莱尔离开巴黎前，两人紧张的关系终于爆发了。

当时，欧皮克夫人给了波德莱尔一大笔钱来还债，昂塞尔因为担心波德莱尔会把这笔钱拿来挥霍，所以他拒绝把钱交给波德莱尔，而是由自己来为波德莱尔偿还债务。但是昂塞尔没有想到，自己的这种做法在波德莱尔眼中是"对自己无比的冒犯"，两个人发生了争吵，继而演变为十分激烈的冲突。

波德莱尔在给母亲的信中写道："昂塞尔是一个大混蛋，我要去他家当着他的妻子和儿子的面扇他一耳光，我要在两点的时候去扇他的耳光！如果我见不到他，那么我就会一直等他，如果等不到，那么我发誓我就一直去找他！我要去打他，去打他的儿子，这样人们就可以看到，一个法定监护人去法庭控告被监护人殴打他！"

不过，这只是诗人无法自控情绪时的胡言乱语。后来，波德莱尔仍然十分公允地评价了昂塞尔先生："他替我偿还债务，没有贪污过哪怕一个法郎。"在偿还债务的同时，波德莱尔一直在计划着文集《人工天堂》的出版，出版商还是伊波利特·巴布。这部书包括两篇"鸦片"和"大麻"的文章，还有一些没有发表在《恶之花》中的诗歌。

此外，连载完毕的《皮姆历险记》也开始印刷，这些工作使得波德莱尔滞留在了巴黎。但是这并不是滞留巴黎原因的全部。后来，波德莱尔曾经说过："不仅仅是为了钱或者书，更重要的是为了一个女人。"

在被法院下达禁令的《恶之花》中六首诗里，有一首名为《致一位过于快乐的女性》。这首诗最早出现于波德莱尔给一位他深爱着的女人的信中，在这首诗被下达禁令之后，波德莱尔恼怒地说道："一帮庸人，真是难以想象，他们竟然把我写的情诗放在了禁书单里！"在这首诗中，诗人在结尾处这样写道：

就这样，我希望，又一天夜里，

当那罪恶的时辰敲响的时候，

像一位懦弱的人，无声地爬到

你这位丰富宝藏的人身边。

去惩罚你那过于快乐的肉体，

去踩躏你那被宽恕的乳房，

并在你受了惊吓的肋骨旁，

开出一道宽而深的伤痕，

然后，带着最为细腻的柔情，

通过这崭新的嘴唇，

那更加鲜红、更加美丽的唇，

输给你我的鲜血，啊，我的姐妹。

和这首充满着肉欲的诗一起被诗人写下的，还有一封饱含深情的匿名信。

波德莱尔在信中写道："这首诗歌是专门为了您而写的，我希望您不要把这封信给任何人看，虽然这些文字可能显得那么可笑，或者并不让您感到喜欢。因为最为深刻的爱情是有着骄傲的廉耻心的，我没有署名，也不希望有第三个人介入进来。我在梦幻的状态下写下了这封信和这首诗，诗中的那位女性让我无时无刻不在爱恋，但是却从来没有勇气对她说出我自己的心声。"

收到匿名信和混杂着波德莱尔象征主义词句的女人，就是萨巴蒂埃夫人。如果说母亲欧皮克夫人是波德莱尔一生中最重要的女人，让娜是陪伴波德莱尔时间最长的女人，那么这位萨巴蒂埃夫人则是诗人一生中最爱的女人。

约瑟夫·萨巴蒂埃夫人比波德莱尔要大一岁，出生于阿登省的梅滋埃尔。她是当时阿登省省长和家中洗衣服的女佣的私生女。萨巴蒂埃夫人的生父为了避免受到丑闻的影响，没有和自己的这个亲生女儿相认，而是让他手下的一位军官去主动承担这一切。

萨巴蒂埃夫人有着十分优美的气质和动人的声音，并且靠着这些优异的条件吸引了一位英国爵士，成为了他的情妇。在和这位英国爵士分手之后，萨巴蒂埃夫人结识了雕塑家克雷桑，并且通过克雷桑的关系结识了一大批艺术家。

此后，萨巴蒂埃夫人家中经常成为艺术界举行聚会的地方，这种聚会在当时巴黎社交圈十分有名，被称为"萨巴蒂埃夫人沙龙"。包括杜篷和图班等人都是这个沙龙的常客。

在被友人带领着参加了一次沙龙之后，被萨巴蒂埃夫人美貌所吸引的波德莱尔成为了沙龙的常客。根据友人回忆，波德莱尔在萨巴蒂埃夫人面前十分兴奋，在那里口若悬河地说着充满悖论的话，仿佛这个沙龙的参与者中有着波德莱尔"刻骨的仇人"。

波德莱尔友人图班对于萨巴蒂埃夫人曾经回忆道："萨巴蒂埃夫人的个子非常高，身材也十分迷人。她那卷成波浪形的头发像丝一样的光滑，金黄色和褐色两种颜色十分协调地混杂在一起，时时反射着光线，如同宝石一样耀眼美丽。她的一双蓝色的眼睛十分迷人，如同陶瓷的皮肤也洁白得看不出来一点瑕疵。她的脸部显得十分地调皮和精神，有着完美弧度。"

萨巴蒂埃夫人不仅有着迷人的外貌，还有着优雅和出众的气质，图班回忆道："萨巴蒂埃夫人有着令人着迷的神态，她的周身都充满着阳光和幸福感。就打扮风格来说，萨巴蒂埃夫人的服饰充满着奇思异趣和品位。她并不盲目地追随流行时尚，而是自创属于萨巴蒂埃夫人自己的风格。当她微笑时，人们不得不感叹上帝的杰作。"

迷人的萨巴蒂埃夫人深深地吸引了波德莱尔那桀骜的内心，诗人曾经向母亲说道："这位夫人令我懂得了爱情，在她的身上有着惊人的美丽和罕见的智力，我一生都在寻找这样的女人。"

在当时，波德莱尔和让娜的关系已经进入了低谷，就像他给母亲的信中写到的那样："我和让娜这个女人的关系，这长达14年的关系在现在已经断了。我做了我能做到的一切努力去试图阻止这次中断，但是由于她想要大笔的金钱，我实在是无能为力。我向您十分真诚地说，我从来没有忘记让娜这个女人，但是我现在已经陷入了和生活彻底脱节的状态，因为在我的生活之中只剩下了诺言和无用的诺言。"

对于萨巴蒂埃夫人，波德莱尔在信中向母亲说道："如果说我现在对于感情还有一丝的希望，那么就是萨巴蒂埃夫人。"由此可见，对于萨巴蒂埃夫人，波德莱尔是多么的迷恋。

对于自己的未来，他在信中说道："我追求萨巴蒂埃夫人，并不是只有爱恋，另外还有着对于生活和家庭的渴望，这是让娜这个女人所无法给我带来的。在您面前我坦诚地说，我十分盼望能够追求到萨巴蒂埃夫人，这样就可能拥有家庭，可能还会有一位仆人和一位厨师。"

当时的让娜已经没有了年轻时候的美貌，所以生活十分凄凉，对于陪伴自己很长时间的让娜，波德莱尔还存留着一丝留恋，他不仅在让娜生病时前去照顾，而且还在自己少得可怜的生活费中挤出一部分交给让娜。

图班曾经评价波德莱尔的这种行为："他是一个花心的男人，但是也是一个具有责任心的男人，也许正是因为他看透了世界上的丑恶。"

对于让娜，波德莱尔的好朋友并没有什么好印象，评论家马伊乌曾经说道："拥有着美丽棕色皮肤的让娜并不满足于波德莱尔的陪伴，甚至有人看到让娜在公共舞厅之中随意和不认识的男人跳舞，然后挽着这个男人的胳膊离开了舞厅。"

图班也曾经回忆道："波德莱尔的这个事实上的妻子叫作让

娜·杜瓦尔，有一次波德莱尔甚至亲自抓到了她和一个理发师在一起乱搞，波德莱尔十分气愤。第二天他要找那个理发师决斗，我们几个人好不容易才阻止了他。过了两天，我们一起在十字街头上遇到了让娜，他直愣愣地向着让娜走去，并且当着街上很多人的面，狠狠地训斥了让娜。过了没有几天，让娜就又回到了波德莱尔身边。"

波德莱尔和萨巴蒂埃夫人两人之间的关系也越来越密切，波德莱尔的放荡不羁和浪子诗人的气质深深地吸引了萨巴蒂埃夫人，两个人很快从普通朋友发展为恋人的关系。

萨巴蒂埃夫人在给波德莱尔信中满怀深情地说道："我现在是世界上最为幸福的女人，我从来没有想到会这么的爱你，也从来没有想到你在我心中竟然是这么英俊和可爱。现在不管发生什么事情，你都是我的夏尔，我伟大的诗人夏尔·波德莱尔。"

可以看出，这位女人对于波德莱尔是多么的迷恋，波德莱尔也很快回信写道："我们永远不分离。"

虽然两个人之间已经产生了爱情，并且相约"永不分离"，但是感情是很难战胜现实的，当波德莱尔提出"和我一起去瓮福勒尔组建家庭"的时候，两个人开始出现了矛盾。

两人的好友杜篷曾经对于波德莱尔这次感情的终结说道："波德莱尔当时希望萨巴蒂埃夫人能离开，和他一起前往瓮福勒尔。但是显然，萨巴蒂埃夫人并不希望离开巴黎，也不希望失去在巴黎这种时尚和优雅的生活，更不愿意去瓮福勒尔这个小城去做波德莱尔的家庭主妇。波德莱尔对此很伤心，也许他想到了对他不离不弃的让娜，所以决定结束和萨巴蒂埃夫人之间的感情。"

在波德莱尔提出分手以后，伤心的萨巴蒂埃夫人马上回信道："亲爱的夏尔，您要不要我告诉您我心中残酷而且让我痛苦的想法？那就是我觉得您根本不爱我。啊，上帝啊，我真的无法相信这种情况会发生，这种想法让我痛苦得想在你的胸口大哭一场！我觉得这样会感觉好受一点！亲爱的夏尔，我十分想念您，哪怕只是普通朋友的关系！"

对于两个人的未来，萨巴蒂埃夫人写道："我知道您想和我组建一个家庭，可是请您为我考虑，我是一个女人，不愿意去一个陌生的地方开始新的生活，巴黎有我的朋友和我的一切，我们不也是一起在巴黎才会遇到彼此么？"

但是波德莱尔没有同意萨巴蒂埃夫人的请求，而是坚持要离开巴黎，并且说："这是我新生命的开始，和你一起开始我的新生命。"

或许离开巴黎对于波德莱尔来说是一次"新生命的开始"，但是对于萨巴蒂埃夫人这位女性来说，她更需要的或许是一种稳定的生活。

所以，基于这种几乎不可能调和矛盾的存在，两个人之间的感情不可避免地破裂了，在萨巴蒂埃夫人给波德莱尔的最后一封信中，她伤心地写道："我只是想知道，在我们爱情的火焰上，是什么冷风吹过？这就是您理智思考的结果？"

对于两人的感情，萨巴蒂埃夫人感到十分的留恋，她在信中饱含深情地对波德莱尔写道："这是不是我的过错？也许当时在您到我们家中的时候，我应该是严肃而且理智的。但是有什么办法呢？每当我看到您身影的时候，这些想法都会飞走了，见到您的时候我只会紧张得嘴唇在颤抖，心也在怦怦直跳，因为那是遇到了我最爱的夏尔！"

在信的最后，萨巴蒂埃夫人写道："我们在玩什么喜剧？什么悲剧？或者这本身就是一出悲喜剧？请您相信我，我不会再和您吵架了，以免您对我心的软弱感到厌恶！我会不断地让这颗心冷静下来，为了让您能够高兴，我会忍着，并且去接受所有可能的痛苦！"

对于和萨巴蒂埃夫人这段没有结果的感情，波德莱尔的回忆始终是美好的，在生命的最后一年中，他经常向朋友说道："当初真的不该离开巴黎，更不应该放弃萨巴蒂埃夫人的感情！"可以看出，即使到了生命最后的时光，他对于萨巴蒂埃夫人也是充满着爱情和留恋的。

在处理了让娜和萨巴蒂埃夫人之间的感情纠葛，并且处理了《人造天堂》的手稿之后，波德莱尔离开了巴黎，前往了母亲所居住的瓮福勒尔。

第六章　在瓮福勒尔

1. 小城隐居

到达瓮福勒尔之后，波德莱尔住在了母亲家，他在给友人的信中写道："这是一个高高耸立在悬崖上的房子，有着美丽的花园作为背景。这里的一切都是那么的美丽，让我的眼睛感到惊讶。"

欧皮克夫人在这所美丽的住宅中，给到来的儿子准备了两个房间，一间作为卧室，一间作为书房和工作室。根据波德莱尔的回忆，通过这两间屋子的窗户"可以看到博大的天空和变幻无常的云彩，以及不断变换着颜色的大海和那高高耸立不断闪烁的灯塔。海上的船只在风暴中摇晃不已，上面有着复杂的缆绳和桅杆，如同海藻一样缠绕在船体上"。

虽然他在瓮福勒尔所住的时间不长，其中也因为各种事务不断地返回巴黎，但是这座小城却带给了他十分深刻的印象，以及十分幸福的回忆。最后在布鲁塞尔的时光中，他曾经对友人说："你应该去瓮福勒尔这个小城去看看，这个小城十分美丽，这是一个宁静和平的港湾，是一个适合隐居之地。"

就像诗人自己所说的那样，在瓮福勒尔居住的这一段时光里，诗人也进入了创作的第二个高产期。而且随着心情的舒畅，诗人的身体也越来越好，在居住在瓮福勒尔的这一段时间内，他写给友人的信件都是充满着乐观和快乐。

除了继续写作以外，波德莱尔在晚上和母亲一起学习英语，用他自己的话来说："这是为了翻译伟大的爱伦·坡作品的需要！"诗人改掉了昼夜颠倒的生活习惯，开始了健康的新生活，他每天早上都很早起来跑步，有时候还下海游泳，总之，这一段时间对波德莱尔来说是永远难忘的。用他自己的话来说："居住在瓮福勒尔这个小城，对我以后来说是一个极为珍贵的梦想！"

这一段时间健康的生活对于诗人来说十分有益，也使得波德莱尔在瓮福勒尔那个面朝大海的书房中写出了很多作品：改编《一个吸食鸦片英国人的忏悔》《1859年的沙龙》《信天翁》《小老太婆》等，最重要的还是被波德莱尔自己称为"超越诗歌本身极限"的《七个老人》。

在这期间，一本名为《轶闻杂志》的小杂志社开始和波德莱尔合作，主要是准备出一本售价为80法郎的《爱伦·坡作品集》。虽然这项工作在半途因为出版商撤资而停止，但是波德莱尔却在这项工作中认识了居伊。

居伊是当时法国西部小有名气的画家，在当时被《轶闻杂志》杂志社雇来为《爱伦·坡作品集》绘制插图。波德莱尔评价说："他是一个具有才华的人，一个正直的人，也是一个奇怪和谦逊的人，甚至谦逊得十分暴躁，实在是让人感到非常奇怪。"

虽然《爱伦·坡作品集》半途夭折，但是波德莱尔和居伊这两位同样个性、富有才华的艺术家成了好友。在当时，居伊在法国文艺界远远没有出版《恶之花》的波德莱尔出名，为了帮助朋友，波德莱尔准备在《1859年的沙龙》中对于居伊的作品进行评价。但是出人意料的是，这位"谦逊得十分暴躁"的画家马上跑到了波德莱尔家，"大大地吵了一架"。

由此可见，这位画家也具有十分独特的性格，也许正是这种相同的不同寻常的才华和性格，让这两位艺术家成为了终生好友。虽然波德莱尔想借助《1859年的沙龙》来帮助居伊的计划被居伊本人阻止，但是可以从中看出这两位惺惺相惜的艺术家之间那种伟大的友谊。

第二帝国政府在当时基本已经稳固了统治，所以开始放宽对于言论的管制，同时为了笼络人心，决定开始给予一些文学家"创作津贴"。波德莱尔闻讯之后，马上开始向第二帝国国务部长写信，要求领取这份津贴。由于当时波德莱尔已经被法国文坛所熟知，最终获得了300法郎的津贴，但是这个数目和他的要求相差甚远，他一开始甚至要求政府给他这位"最伟大的诗人"1000法郎的津贴！

他在信中向国务部长写道："我觉得我和那些领取几百法郎的作家不一样，我的才华是他们的好几倍，所以我要求领取比他们多几倍的津贴，也就是1000法郎，这是对于我才华的尊敬，虽然我的才华是无法用金钱来衡量的！"

这封信中除了充满着自己一贯的桀骜不驯以外，波德莱尔还试图为他的好友居伊争取一份津贴："居伊是一位伟大的画家，请您看一看他所做的那些伟大的作品，并且让他也能领取陛下的一份津贴和恩惠！"

对于居伊的才华，波德莱尔大加赞扬："我之所以向您推荐居伊先生，是因为他是一位伟大的画家，同时也是一位出色的文人。他所写的回忆录和游记在国内获得了很高的评价，他所画的素描和历史画，在当今的法国没有人可以媲美。有一批我们所熟知的报纸插画就是出自于居伊先生的作品。他的作品完美表现出了二月革命、英国喜剧和克里米亚战争等题材。"

在这封信的最后，他还附上了他在《1859年的沙龙》中对于居伊作品的评论。甚至建议国务部长将这些文章交给皇帝路易·拿破仑·波拿巴本人看。这些行为足以见证两人之间的友谊，在此后，两人经常在一起谈论艺术，甚至经常一起出入"一些比低级剧院更为低级"的地方。

出版《恶之花》之后，波德莱尔不仅凭借一场"光荣的诉讼"声名大噪，而且越来越被法国文坛所接受。在一共四册的《法国诗人，从最初的时代到同时代》的诗集中，波德莱尔《恶之花》中的很多作品和当时法国著名文学家雨果、福楼拜、邦·李勒、戈蒂耶等人的诗歌，作为"法国现代优秀诗歌"的代表一起被收入这本书中。

不仅如此，波德莱尔和很多作家交流的时候，已经不再是当时那个"业余爱好者"了，也不用弟子向大师请教的口气进行交流，而是以一位被承认的作家向年老作家说话的口气彼此间进行着交流。

法国文坛很多的著名作家，都对于波德莱尔给予了极高的评价，比如雨果就赞叹波德莱尔道："我现在已经读了20遍《恶之花》，我还会经常读它。"圣佩甫不仅称波德莱尔这位比他小30岁的年轻诗人为"我的年轻朋友中的老朋友"，还向友人称赞波德莱尔道："这位年轻的诗人和福楼拜一样，是一个思想十分细腻的人，具有让人惊叹的奇特才华，读起来就像每个人灵魂的独白。"

诗人和雨果的关系也越来越好，这位被波德莱尔称赞为"世间罕见的人，无边际的天才"的文学家在给波德莱尔《泰奥菲勒》

作序的时候，对于波德莱尔大加称赞："您在文学的道路上走着，向前走着，您为艺术的天空添加了一道让人无法形容的光线，您的诗歌为世界创造了一种新的战栗！"对于这位"无边际天才"的赞扬，波德莱尔高兴地说："这个称赞是我这辈子听到最满意的话！"

在瓮福勒尔隐居期间，波德莱尔结识了音乐家理查德·瓦格纳。瓦格纳和波德莱尔一样，具有十分出众的才华。此外，二人的经历也如出一辙：瓦格纳在早期受到法国政府迫害，还被列为"危险的革命者"而被警察加以监视。

波德莱尔在听过瓦格纳一次音乐会后，发现了理查德·瓦格纳这位"最为伟大的大师"。对于瓦格纳那天演奏的《幽灵船》《汤豪舍》和《特里斯坦》等音乐，他称赞道："这次音乐会在我脑子里是一件大事，是我一生中最大的快乐之一，我已经有将近20年的时间没有感到这样飘然欲仙了。"

由此可见，这场音乐会带给了波德莱尔多么大的享受，他直接向瓦格纳写了封信，信中充满着对于瓦格纳音乐的感谢和钦佩："首先，我一定要告诉您，多亏了您，我才感受到了从所未有的那种音乐上的愉悦。虽然我现在已经不再是以给名人写信为乐趣的年龄，可能还会一直就这样犹豫下去，是不是应该通过写信来向您表达我对您这位伟大音乐家的钦佩和敬仰。"

波德莱尔充满敬仰地对瓦格纳写道："我第一次去意大利人剧院听到您伟大的作品，并没有完全做好准备。而且我还必须向您坦诚一点，我当时充满了各种各样的偏见和想法。因为我受了很多次骗，也上了很多当，我听到了多少自视甚高的江湖骗子的音乐，我想您对于这一点也是可以理解的。但是我没有想到，当我第一次听到您音乐的时候，我就彻底被您伟大的作品所征服了。"

对于瓦格纳的音乐，波德莱尔毫不吝啬赞美之词："您的音乐之中最让我感到震撼的是它的伟大性。我在您那伟大的音乐之中到处都听到了伟大的声音，包含着大自然伟大的方方面面，还有人类伟大而且壮丽的激情。我一下子就被带入了您伟大的音乐之中，并且沉浸于其中。我希望您不要笑话我，我还在您的音乐之中感受到了一种刺激我思维和灵魂的东西，是一种飞跃得很高的东西。"

在信的末尾处，波德莱尔说："自从听到了您那伟大的音乐之后，我一直给自己说，如果以后当我心情不好的时候，那么至少只要听瓦格纳的音乐就好了！我要对于您，还有您的音乐再一次表示感谢，您的音乐让我在最糟糕的时候找回了我自己。"

对于波德莱尔的赞扬，瓦格纳也感到十分高兴，他在给波德莱尔的回信之中写道："我对于您这位伟大诗人给予我的谬赞表示极大的荣幸，而且您给予我的赞扬比任何人对于我浅薄才华的赞扬都让我感到高兴，也会更加地鼓励我对于音乐的创作。"

此外，瓦格纳还拜托波德莱尔能够替他改编《雅瓦他》这首歌剧。

对于瓦格纳的请求，波德莱尔十分高兴地接受了。对于这项繁重并且无偿的工作，波德莱尔难得地十分努力。在这项工作中，波德莱尔需要将500句的英语诗句改成300句的法文诗歌，并且还需要将300句的法文诗歌改编为散文。对于这项工作，波德莱尔说道："这项工作让我十分疲惫，但是我的心中却十分高兴，就如同我翻译爱伦·坡的作品一样，这是我最大的爱好。"

2. 竞选院士

在《皮姆历险记》和《恶之花》获得成功，以及主流作家对于自己的承认之后，波德莱尔这位桀骜不驯的个性诗人又有了一个新的念头，那就是准备竞选法兰西学士院的院士。当时他跟自己母亲说道："我就是要颠覆一下这些学究所维持的那所谓的秩序。"

法兰西学士院是一个极为学究，并且是一个以"学识、秩序、尊严"为口号的学术机构。

对于竞选结果，波德莱尔心中十分清楚，他对母亲说道："我敢打赌，在这个充满着愚蠢和偏见的盛典中，我这个魔鬼一样的人物肯定会引起围攻的。"

可以看出，波德莱尔并不是不知道这次竞选的结果，但是对于他来说，这次竞选结果并不重要，重要的是那些"所谓的秩序"。

在波德莱尔这位诗人的一生之中，他无时无刻地不在痛恨着那"所谓的秩序"，并且一直在孤身和这些秩序开战。就如同欧皮克将军，这位继父在波德莱尔眼中就是那些秩序的象征和代表，也因此，他一生都和继父之间存在着不可调和的矛盾，所以他和继父的关系也就一直十分糟糕。对于竞选院士这一根本不可能成功的行为，在波德莱尔心中只是对于那些秩序的挑衅和反抗。

开始的时候，竞选院士只是波德莱尔心中的一个比较荒诞的想法，当居住在瓮福勒尔时，波德莱尔得知法兰西学士院有了两个空缺，他便开始行动了。他给法兰西学士院常务总秘书魏乐曼写了一封信，正式向学士院提出竞选院士。

在这封信中，波德莱尔向魏乐曼挑衅般地写道："我，波德莱尔，这位年轻而又伟大的诗人十分荣幸地向您宣布，我希望能够成为目前法兰西学士院所空缺的两个席位的候选人中的一个。此外，我希望您能够将我这个小小的意愿转告您的同仁们。"

他在信中大大夸耀了自己一番，并且对于这些院士们大加讽刺："对于那些十分宽容和充满智慧的院士们，您可以向他们展示一下我的几本书。我的一本诗集在我不是故意的情况下获得了极大的关注，还让整个法国文坛变得沸沸扬扬，还有几本大获欢迎的译文集，让一位并不出名的美国作家在法国找到了众多的读者，几本艺术评论沙龙也十分准确地评论了我们这个时代的主要艺术家和文人。"

波德莱尔已经预料到了自己不会被那些学究院士们接受，他写道："这些书可能十分出名，但是在我眼中，和我自己梦中那些书相比还远远不够，我的才华有一多半没有写出来。"

波德莱尔还在这封信中对这些院士们所持有的"谦虚"大加讽刺："请您相信我的谦虚并不是装出来的，并将这一点告诉所有人。这是因为这样的情况而引出的谦虚，是我那跟所有抱负远大的人一样严厉的意思所要求的谦虚。"

在最后，波德莱尔也直接地写出自己这次竞选不会成功："假如我能清醒地认识到我自己这次配不上竞选的话，那么我永远都不会提出这项不现实的申请的。我对我自己说，也许最好的选择是马上就开始，假如你们当中有几位院士知道我波德莱尔名字的话，那么我的大胆行为或许就是正确的了。再假如我能侥幸获得几张选票的话，那么我就会获得来自你们这些院士们慷慨的鼓励和支持。"

波德莱尔试图竞选法兰西学士院院士的消息传开以后，法国文坛的文学家们都对此十分关注。福楼拜在给波德莱尔的信中询问："您有没有把握？"波德莱尔回信说道："对于我来说，喝喝茶品品糕点也是一种享受啊！"

对于那些"正统"的文学家来说，这位行为不检点、满身债务、身染梅毒并且还有一个舞女姘头的人提出竞选院士申请，这简直是一个丑闻和侮辱。天主教会针对波德莱尔竞选院士发表声明，对于波德莱尔进行了十分严厉的指责："如果一个恶魔试图到天堂，那么上帝绝对不会答应！现在波德莱尔要竞选院士，那么我们想上帝同样也不会答应！"

波德莱尔写信给了福楼拜，希望他能声援自己，帮助自己去竞选法兰西学士院院士。福楼拜十分的无奈，只好写信给了学士院。但是他同时也给波德莱尔写了一封信，福楼拜在信中无奈地写道："我有很多的问题想问您，我对您现在的行为感到那么的惊讶，即使我写一本书也写不下我的疑问！"

虽然福楼拜对于波德莱尔这一行为并不赞同，但是他在和友人的谈话中对于波德莱尔的勇气加以称赞："波德莱尔是一位古代的爱伦·坡，也是一位大胆的诗人。如果他进了法兰西学士院的圆顶之下，屋中所有的窗户都会震得四碎，在他的身影下，古典传统之神就会彻底死亡并且被埋葬在历史之中。"

对于波德莱尔的申请，法兰西学士院常务总秘书魏乐曼表态说："他要是入选了法兰西学士院，那么整个大厅就会像烟花一样爆炸。"波德莱尔对此回击说："我喜欢这种神秘的题目和那些像烟花一样爆炸之类的题目和行为。"此后,波德莱尔和魏乐曼开始了激烈的论战。

魏乐曼首先在报纸上发表一条消息,上面说道："现在有一位好像很出名的诗人正在试图入选法兰西学士院院士,对此,我想请问这位诗人,您究竟拥有多少选票?"

波德莱尔为此回击道："总务秘书长先生一定要比我清楚,根据法兰西学士院的规定,院士们不允许许诺选票,可能我一票都没有!"

魏乐曼坚持道:"先生,我没有独创性。"波德莱尔戏谑地说:"在选举的时候可能就会有了。"

对于魏乐曼这种学究,波德莱尔感到十分气愤,他在给母亲的信中写道:"魏乐曼这个家伙居然振振有词而且用十分愚蠢的庄严神态告诉我,我的那本《人造天堂》,因为充满着吸毒的描写而不是一本道德的书!他是一个十足的蠢货、学究和装腔作势的人!"

他甚至写道:"如果上帝能让我多活几年的话,我一定要好好对待他,也许我会写一本一百万字的书,这一百万字全会是关于这位魏乐曼先生是多么的愚蠢、学究和装腔作势!"

圣佩甫在得知波德莱尔试图竞选院士后,在《宪法报》上发表了一篇《关于法兰西学士院选举》的文章,对于波德莱尔表示出了极大的支持。上面讽刺性地写道:"我们平心静气地说,波德莱尔先生这位诗人试图竞选院士,是不是在和法兰西学士院开了一个大玩笑?是不是对于这个学究机构的一种挖苦?他这样做是不是在告诉那些老朽们,时间到了,应该换人了?"

在讽刺了学士院那些"老朽"之后，圣佩甫对于波德莱尔所受的不公待遇表示愤慨："让人无法相信的是，学士院中大多数院士甚至根本不知道波德莱尔先生这个人的存在，他们甚至还问别人波德莱尔的名字应该如何拼写！想要向这些学士院的老朽和政府里的人解释《恶之花》中那让人惊叹的才华，实在是根本无法做到的，因为他们就是喜欢所谓充满道德的文章。"

在发泄完对于法兰西学士院这个机构的不满之后，圣佩甫赞扬了波德莱尔的作品："在一种被众人认为无法居住的语言的尽头，超越于人人皆知的浪漫主义边缘，建立起了一座十分奇特的亭子。亭子里有很多的装饰，有着十分扭曲但是色彩艳丽的外形，一切都显示着十分神秘。"

针对对于波德莱尔作品的攻击，圣佩甫写道："这座亭子里具有丑恶和美善复杂和谐的独创性，那是属于波德莱尔完美的建筑。在这亭子中，我们可以看到爱伦·坡的作品，可以看到美妙的诗歌，可以沉醉在大麻和鸦片之中，醒来之后可以进行理性的思考，在这个亭子之中，有着伟大的思想和丑恶的淫秽。这两者竟然会结合得如此完美，除了波德莱尔以外，再无第二个人能够做到。"

对于当时对于波德莱尔的人身攻击，圣佩甫在文章中回击说："波德莱尔现在已经被我们所熟知，一开始人们认为波德莱尔这位写出《恶之花》的诗人是一位奇特、个性甚至十分离奇的人。但是令这些学究们感到意外的是，波德莱尔先生是一位彬彬有礼的人，他十分尊敬他人，对于别人有着堪为楷模的友好。他的语言十分的文雅，举止十分古典，是一个真正的并且让人尊敬的绅士。"

波德莱尔看到圣佩甫所写的这一篇文章之后，感到十分高兴，他怀着感谢给圣佩甫写了一封信："我最为亲爱的朋友，我又欠了您一份人情！您让我怎么去感谢您？"

对于圣佩甫为他所发表的那篇文章，波德莱尔动情地写道："我亲爱的朋友，我真的没有语言来形容您那篇文章带给我的愉快和欣慰。我长久以来总是受到一些人莫名其妙的伤害，他们总是说我是一个怪人，是一个暴躁的让他人无法接近和交往的人。您的这篇文章让我更加能够坚持我自己，也给了那些总是攻击我的人狠狠一耳光！原谅我语无伦次，因为我实在找不到语言来表示对您的感谢了。"

在圣佩甫发表在《宪法报》上的这篇文章引来法国文坛巨大反响之后，波德莱尔随之也在《轶闻杂志》上发表了一篇匿名文章，继续对法兰西学士院进行攻击和批判。

在这篇名为《法兰西学士院的改革》的匿名文章里，波德莱尔用第三人称对于法兰西学士院大加讽刺："夏尔·波德莱尔先生试图竞选是十分可笑的，因为那些博学而且充满道德的院士们，他们甚至不会拼写波德莱尔先生那野蛮的姓名，也从来没有读过波德莱尔先生那些充满着邪恶和淫荡的文章。"

后来波德莱尔感到竞选已经十分无聊了，如同他在给雨果的信中说的那样："您永远无法想象我的这一想法要花多少精力，做多少无聊的事情，浪费多少的时间，写多少封信件。到现在我只见了几个学士院的院士，我的神经几乎崩溃了！"因此，波德莱尔给魏乐曼写了一封信，表示退出竞选法兰西学士院院士。

在这封信中，波德莱尔用比较文雅和友好的语言讽刺了魏乐曼："我请求您实现您的愿望，那就是去掉我的名字，并且告诉您的同仁们，波德莱尔退出了！先生，请您能够允许我借用您的声音，去感谢那些院士先生们。请您替我感谢他们在我竞选的过程中给予我的友好、优雅并且充满道德的接待方式，他们就像一个个君子一样充满着魅力，请你们相信，我将牢牢地记住这次经历。"

在试图竞选院士并最终放弃之后，波德莱尔这位十分个性的诗人又有了一个新想法。那就是希望能够管理一家由国家拨款资助的剧院，这样可以"做我喜欢的轻松工作"，同时还可以"实现我自己艺术上的计划，能够向观众们演出属于我自己的剧目"。

他在家中开始了计划。他写信给当年在《恶之花》诉讼中支持自己的第二帝国的皇家事务部长福尔德，试图让这位部长可以为他安排一个剧场。他向母亲说道："如果我能在巴黎掌握一家剧院，这样每年就可以获得10万法郎的利润，而且剧场只要能够演出，永远也不会破产。我现在真正地开始计划，包括演出剧目安排、演员安排、成本花销、剧场收入等很多问题，我都已经预料到了。"

对于波德莱尔来说，成为一个剧院的院长可以极大地改善自己的经济状况，他向居伊说道："我想要成为一个剧院的院长，我一定要努力地达到目标。现在我岁数已经很大了，我也想能够通过当上剧院院长过上富裕的生活！而您知道，我所说的富裕其实只要很少的金钱就够了！对于我来说，这是一个巨大的梦想，我要让这个梦想成为现实！"

虽然这个计划还只是梦想，但是波德莱尔已经开始计划当上院长之后要做的事情了："我要招进一些具有文化的演员，因为他们才能把剧本中的感情和内容准确地表现出来。我还要引进一些优秀的剧目，在我的剧场内绝对不允许演出那些无聊的剧目。在我作为院长管理剧场的行政杂事的时候，我也不会放弃我自己的创作，更不会放弃我自己的精神追求。"

　　居伊对于朋友这一设想，只用了一句话来回答："先生，您现在有资金么？"虽然朋友对自己这一想法表示反对，但是我们的诗人并没有因此而放弃。波德莱尔在当时甚至已经选择好了一家让自己大展身手的剧场，那就是在巴黎十分有名的皇家奥德翁剧院。这家剧院曾经演出过波德莱尔的《海盗船》，给波德莱尔留下了很深的印象。

　　波德莱尔为了能够成为这家剧院的院长，专门回到巴黎住了一个月，并且"非常认真而且忙碌地进行了正式的准备"。但是和居伊所说的一样，在皇家奥德翁剧院院长的投标活动之中，波德莱尔因为所准备的资金甚至不够他人投标金额的十分之一，在第一轮就被淘汰了。

　　现在看来，即便当时波德莱尔能够成为一个剧院的院长，最终也注定不会成功。在当时，剧院作为一个盈利机构，也是一个文化场所，所以政府对于剧院的管理十分严格。剧院每年不仅要准备要求十分苛刻的账目来应付政府和股东的检查，还需要每个星期向政府报告演出剧目。谁能够想象我们这位桀骜的诗人能够受到了这些来自于"秩序"和"规定"的束缚呢？

3. 《恶之花》再版

　　在居住于瓮福勒尔期间，波德莱尔经常回到巴黎，除了处理自己作品、竞选法兰西学士院院士和试图担任剧院院长等事务外，主要就是为了看望让娜。

让娜当时得了十分严重的瘫痪症，右侧身体已经完全瘫痪。尽管当时波德莱尔的梅毒已经进入晚期，而且神经痛症状也开始频繁出现，但是当波德莱尔到了巴黎之后，仍尽心尽力地照顾着让娜。他甚至因为让娜和监护人昂塞尔先生大吵一架，因为"昂塞尔十分不礼貌，竟然经常去让娜家打探我的消息，他跑到那个可怜的残废女人那里干什么"？

波德莱尔将让娜送到一家医院，但是医生却告诉他："她没治了，请先生把她送回家吧！"但是波德莱尔却说道："我不希望你们将我的瘫痪女人赶出大门，我希望能够尝试所有治疗的可能。"不仅如此，波德莱尔还从自己本来就十分拮据的生活费中支付让娜的医药费。

就如同图班所说的那样，在让娜这位残疾的女人身边，波德莱尔这位浪子如同"保护他人并且有着慈悲心肠的修女，他在病重瘫痪的让娜身边已经不是情人，而是一个父亲和保护人的角色"。在他不在巴黎返回瓮福勒尔的时候，他会让让娜向昂塞尔先生要钱，并且在信尾还有一句贴心的嘱托："路上滑，所以当你去找昂塞尔先生的时候，身边一定要有个人。"

但是让娜这位瘫痪的女人，并没有珍惜波德莱尔的感情和关怀。她经常瞒着波德莱尔偷偷出院，把波德莱尔给她的医药费用在别的地方，也正是因此引起了昂塞尔先生的怀疑，这位监护人就"经常跑到这个可怜的残废女人那里"。

波德莱尔对这一切并不知情，他仍然在没有怨言地扮演着"父亲和保护人"的角色。在给让娜的信中，他写道："我亲爱的女儿，不要因为我突然离开巴黎返回瓮福勒尔而无法陪伴着你感到气愤，我向你发誓，那是母亲那里有点事情需要处理，处理完了我马上就会回来。如果可能的话，回来的时候我会尽力弄到一些钱，让你变得能够开心一点。"

让娜的病情越来越严重，波德莱尔的心情也变得绝望起来，他在给母亲的信中写道："也许我可能比您更早地离开这个人世，尽管我给我自己一大堆继续生活下去的勇气，但是在这几年之中，给我这种勇气的是让娜。假如我真的不在人间了，这个可怜的女人将怎么生活下去啊？"

直到波德莱尔即将动身前往布鲁塞尔的前夕，他才知道让娜欺骗他的事情，也明白了为什么昂塞尔先生会"经常跑到这个可怜的残废女人那里"。

当时，正当波德莱尔尽心尽力地照顾让娜的时候，让娜的一位久别的老兄弟回到了巴黎，和让娜"重逢"了。这位老兄弟见到让娜之后，从早上8点一直到晚上11点一直待在让娜的房间里，用波德莱尔的话来说："我根本没有一秒钟的时间能和让娜说一句话。"

对于让娜这位老兄弟的到来，波德莱尔十分小心地向让娜提出了一项要求："既然你的老兄弟不顾我的感受占用了你那么多时间，那么对于他这位比我这个文人要富裕很多的人来说，他一定十分乐意为你承担三分之一到一半左右的医药费用和生活费。"很难想象波德莱尔这位一生倨傲的人会提出这样的要求，这更可能是他发泄对于这位老兄弟不满的一种方式。

让娜把波德莱尔的这个要求告诉了她的这位老兄弟，这个男人听后十分愤怒，用恶毒的语言攻击波德莱尔："这个自以为是诗人的蠢货！他以为他很出名，确实，他被无数人所咒骂。我必须习惯这个不正常的人所制造的怪异的麻烦，如果当他这辈子都没有什么钱，将来也不要指望他。"

对于这位老兄弟这些恶毒的语言，让娜保持了沉默，十分伤心的波德莱尔再次离开了让娜。一个月后他再次见到让娜之后才知道，这位老兄弟已经跑了，为了摆脱让娜，他把这个残废女人送到一家旅店，然后偷偷地把让娜这个可怜的残废女人家中的家具和衣服全部变卖干净。虽然波德莱尔经济十分拮据，但是基本上生活费和稿费都给了让娜作为医药费和生活费，让娜这位老兄弟在临走前，仅仅留给了让娜20法郎的"午饭钱"。

在这件事情发生之后，波德莱尔和让娜之间就不怎么常见面了。但是直到波德莱尔客居布鲁塞尔的时候，还给母亲写信，拜托母亲替自己去照顾和支持让娜，可以看出，一生浪子的波德莱尔，在让娜这个女人身上找到了自己作为男人应该具有的责任。

在瓮福勒尔居住的这一段时光，波德莱尔最为重要的任务就是准备《恶之花》第二版。此前，在《恶之花》第一版出版后，波德莱尔相继出版了《人工天堂》《文学观点》以及《美学奇观》等几部文集。但是就如同杜篷所说的那样："人们没有心思看这几本较为理论化的文学评论文章，他们都在睁大眼睛等着《恶之花》再版。"

和第一版《恶之花》相比，被法院下达禁令的《首饰》《忘川》《致一位过于快乐的女性》《被诅咒的女人》《莱斯波斯岛》和《吸血鬼的变形》一共六首诗歌自然无法刊登。除了这些被删除的诗歌，第二版的《恶之花》也加入了很多新的诗歌。比如波德莱尔新创作的《劳动的骷髅》《着迷》《着魔者》《一个好奇的人的梦想》《巴黎之梦》等35首新诗歌就被加入《恶之花》诗集之中。

第二版《恶之花》在扉页还有着波德莱尔的一幅肖像画，出版商马拉西说道："第一版出版以后，读者都十分好奇，这本诗集的作者究竟是什么样的相貌，于是我们决定在第二版出版的时候满足读者们的愿望。"给波德莱尔画像的是拉封，画上的波德莱尔是以纳达尔的摄影作品为蓝本所绘制。对于这幅画像，波德莱尔感到十分满意，在以后作品的扉页，他都用上了这幅画像。

在这张肖像画中，波德莱尔的脸庞被刻画为十分有力的线条，在这张有力的脸庞上，嘴唇和眼睛下面有着深深的凹陷。在这张画中，诗人波德莱尔有着光洁的下巴，额头向前露出，呈波浪形的头发十分长，向头后随性地梳去。

任何看过波德莱尔这张肖像画的人，都会感觉到波德莱尔那种可怕的灵魂。这张画把波德莱尔的特点表现得十分完美，在这张画中的波德莱尔就像是一位悲剧演员，又如同是一位正在主持黑色礼仪的撒旦神父。画中的波德莱尔有着高傲的神情，嘴唇向两边下塌。在波德莱尔大大的眼睛之中带着对于世俗的讽刺，试图能够深深地看透人间的丑恶，用高傲的眼神看着世间苍生。

在书本的首页，波德莱尔准备印上一幅能够符合《恶之花》主题的插画。在一开始的时候，波德莱尔希望居伊能够为他创作，但是居伊当时已经前往英国，所以波德莱尔不得不另选作家来进行创作。最后他接受了居伊的建议，委托版画家布拉克蒙为封面创作插画。

波德莱尔向布拉克蒙提出了自己的构思："在那幅图上应该画着一个呈现树状的骷髅，这个骷髅的腿和肋骨应该表现得像树干一样，伸出的手臂形成了十字架形，在手臂上长满了树叶和花苞。在这个十字架形的手臂外围，覆盖着好几层有毒的植物，这些有毒的植物被放在梯状的花盆之中，这些罪恶的植物就像生长在园丁温室之中一样，覆盖着每一个人的心灵。"

布拉克蒙很快按照波德莱尔所要求的完成了第一幅插画，但是波德莱尔对这幅画十分不满，要求布拉克蒙重画。但是这位可怜的画家重画了3次，都没有让波德莱尔满意，波德莱尔为此专门写信向出版商说道："您看，这就是那位画家布拉克蒙所绘制出来的可怕东西！我实在不知道应该如何评价这幅让人崩溃的画，我只好向他评价道还不错。"

随后，他指责这幅画说："他画的这个骷髅竟然在走路，这个可笑的骷髅靠在一大堆呈扇形的枝条之上，而且这些枝条竟然是从骷髅的肋骨之中长出来的，不是像我说的那样是从手臂之中伸出。您要知道，如果不从手臂之中伸出，那么根本无法表现出人类行为所带来的罪恶！不管您是怎么想的，我绝对不允许这样灾难性的插画印在我的诗集首页！"

布拉克蒙已经画了5幅插画，但是波德莱尔一直不满意。出版商尚福勒里也十分无奈，他写信给布拉克蒙说道："我和您一样，已经受不了骷髅了。您有没有想过可以画一个驼背的骷髅？假如您要是画出一个正在树边拉屎的骷髅，那可能会带给我们完全不一样的趣味。"

尚福勒里甚至给布拉克蒙出了一个看起来十分可笑的建议：

"您可以把波德莱尔画到这幅画中。您让他在画中戴上一顶希腊的圆顶无边帽，然后挽着一位漂亮的高级妓女在散步。他们两个人在一个森林里散步，这个时候突然遇到了那个正在树边拉屎的骷髅。这个骷髅在看到这两个人之后，感到十分害臊，在波德莱尔同情的目光中低下了头。对了，您还可以让地上的花朵刺向骷髅的屁股。"

1861年，波德莱尔《恶之花》第二版正式出版，一共出版了2000余册，相比于第一版，第二版的印刷和装饰更为精美。就内容来说，第二版的《恶之花》比第一版多出了三分之一的诗篇，诗篇的重要性也做了很大的调整，由原先的五章变为六章，顺序也做了很大的改变。

对于自己一生最重要作品的再版，波德莱尔充满着信心，如同他自己向尚福勒里所说的那样："第一次在我的生活中，我几乎感到了高兴和幸福，因为这本书是一本好书，至少在我心中是这样。这本书在我的心中，是我对于一切事物的厌恶和仇恨的见证。"

4. 恶魔回来了！

第二帝国政府对于《恶之花》的再版也给予了极大的关注，他们生怕"这个疯子"会再写出"败坏公共道德"的文章。《恶之花》再版之后，当年力主惩办波德莱尔的内政部长立刻将诗集送给帝国总检察官进行审核。

　　总检察官在对第二版《恶之花》审核之后，评价说："我已经组织我下属的检察官看了这部新出的诗集。我们放心地看到，这本诗集之中没有出现第一版《恶之花》被法院下达禁令的那6首诗。我们带着高度的警惕性，认真地对这本书中的35首新诗歌进行了严格的审查。检察官们最终发现，这些诗歌虽然表现出了一种奇特的想象力，甚至表现出了前后不连贯和某种无耻，但并不构成犯罪。"

　　在最后，第二帝国总检察官对这本书表明了态度："我们最后决定，对于这本书无需进行公诉，也不必对这本书进行查封。"

　　代表帝国法律秩序的总检察官表态后，第二帝国内政部长发表了公开信，借以表明第二帝国政府的态度："尽管第二版《恶之花》中的诗歌包含了某些常人无法理解的怪诞思想和风格，也显示出作者一贯的无耻倾向，但是第二帝国政府在审查后，认为并没有犯罪要素，所以我们不会对这本诗集和作者波德莱尔采取任何措施，而且政府认为起诉无疑是在为这部怪诞和无耻的作品做广告。"

　　欧皮克夫人当时正在瓮福勒尔闲居，没有对儿子的这部再版诗集给予评价，波德莱尔在给母亲的信中十分不快地说道："您总是和那些普通人一样，把我说得一无是处，几乎在我童年的时候您就给我这样的评价了。您要知道，我已经为这本书工作了20年，这几乎是您儿子生命的全部！"

　　虽然欧皮克夫人没有给予儿子想要的评价和赞扬，但在当时的法国文坛，《恶之花》的再版引起了极大的轰动。

　　《轶闻杂志》对于再版的《恶之花》赞扬道："这本诗集的再版，就如同首次出版时一样，对于整个法国文坛是具有极其重要意义的事件，更引起了文学爱好者的轰动效应。初版已经在社会上流行，所以对于这次再版，不论我们对于波德莱尔这位诗人是否喜爱，我们都无法无动于衷。"

《巴黎时报》评价说："虽然政府并不喜欢这部诗集，但是不管是从诗集的文学价值，或者诗集所带来的大胆效果来看，这本诗集都让读者感觉到了极大的震动。诗集的诗歌就如同一个森林里的幽灵在唱歌，歌中的每个音符都在敲击着每个人的心灵，让读者的心灵感到极大的共鸣。"

但是，即便波德莱尔和《恶之花》蜚声诗坛，也仍然遭受到了许多来自"正统"文学家的指责和批判。当年在审判《恶之花》第一版和波德莱尔时起到推波助澜作用的《费加罗日报》的编辑们，得知《恶之花》再版之后，又开始在报上发表文章对波德莱尔进行批判和攻击。

在这篇刊登在《费加罗日报》头版头条的文章中，首先对波德莱尔的才华加以称赞，承认波德莱尔这位"年轻个性的诗人"具有"让人惊叹的广博的智慧和杰出的才华"。

"不过，"在简要的赞颂后，文章笔锋一转，评价道，"这部《恶之花》诗集中的诗歌风格十分阴暗和消沉，作者波德莱尔经常住在旅店里，这些诗歌就如旅店里撒旦的歌声，对社会的公共道德有着不可否认的损害，是一种世俗的堕落和过分严厉的天主教的不纯洁混合。"

文章发表后，《费加罗日报》又刊登了评论家篷马尔坦的文章，这位评论家嘲笑道："很多优秀诗人的诗歌经得起分析，而且十分感人，但是波德莱尔先生明显不属于优秀的诗人。他的诗歌只不过是在写一些从所未有的变态东西，可以这么说，波德莱尔先生无法用文学的手段来吸引读者，所以他的诗用这些直白露骨的的淫荡描写，只是试图吸引大众眼球而已。"

对于波德莱尔本人，篷马尔坦评价道："波德莱尔先生性格细腻而且敏感，甚至有一些神经质，但是无法区分人间的美善恶丑。如果我们社会把波德莱尔先生这种人当作是诗人来崇拜的话，那么这会是什么样的社会？如果文学把波德莱尔先生那些露骨的淫荡描写当作诗歌，那将会是什么样的文学？"

在文章的结尾，篷马尔坦写道："恶魔回来了！"

对于篷马尔坦的攻击，波德莱尔用刻薄的语气反驳："篷马尔坦是一个讲究贞德、正统和礼貌的老牌蠢货。对于这个老牌蠢货来说，除了歌唱月下玫瑰的美好和阳光下草坪的温暖以外，就再也没有什么其他的文学形式了。"

第三天，《费加罗日报》又发表了一篇"读者来信"批判波德莱尔："这本所谓诗集的《恶之花》是一部可怕而且奇特的画卷，是一部不健康和危险的书籍。特别是诗集中的《腐尸》，是一首令人作呕的诗歌。"

此外，这篇"读者来信"还对波德莱尔本人进行了讽刺和攻击："这位诗人认为自己十分伟大，但是他不会意识到，他永远不会超过雨果，从来没有人会用如此不堪的语言写出无聊的诗。"

但是具有讽刺意味的是，在文章中作为正面典型的雨果在《欧洲杂志》上发表文章，对于波德莱尔和他的作品受到指责的情况进行了抨击："我们要捍卫艺术的自由和不受剥夺的权利。艺术不应该屈服于来自道德、信仰方面那种可笑和盲目的指责。"

除了抨击当时对于波德莱尔的指责之外，雨果还在文章中对于波德莱尔大加称赞："波德莱尔先生再版的《恶之花》，和第一部《恶之花》一样，展现出了奇特和有力的一面。这本书观念十分新颖，在丰富而且沉郁的多样性中显示出诗人的个性和伟大才华。可以说，这本书里有着波德莱尔先生伟大的灵魂和思想，不是那些被世俗道德所左右的人能够理解的。"

在《恶之花》再版之后，波德莱尔也确立了自己在法国文坛中的地位，成为了法国文坛所不可或缺的优秀诗人。此外，波德莱尔的诗歌还使得一大批青年文学家开始追随他的足迹，象征主义也凭借波德莱尔的诗歌诞生并且开始被大众所认可，象征主义的文学作品也开始蓬勃发展。

阿瑟利诺在自己的作品《在巴黎的最后几年》中评价波德莱尔说："在《恶之花》第二版出版之前，可以说作者波德莱尔先生已经是法国文坛上一位声名显赫的诗人了。在《恶之花》第一版出版的时候，波德莱尔先生受到了无数的指责和攻击，但是他和他那伟大诗句反而从这些世俗的指责和攻击中受益，并且通过对于这些指责和攻击的抵抗使得自己的风格得到了巩固。"

对于人们对波德莱尔印象的转变，阿瑟利诺写道："我们现在见到的波德莱尔都是面带微笑、容光焕发的中年人。虽然他的长发已经开始变白，却依然显得年轻，充满着人生的思考和智慧。我们可以看出，人们越来越来认可自己，对于这位诗人来说极大地鼓舞了自己的信心。现在人们对他的敌意已经开始慢慢地消失了，当这位诗人每天傍晚在街上散步时，都会有很多人送上友好的问候。"

对于当时波德莱尔得到的尊敬，阿瑟利诺写道："对于每个人，波德莱尔都友善地和他们握手致意。在大家给自己的这种普遍友好的整体环境之下，波德莱尔心中的苦涩和提防都消失了。他变得更加的宽容、和气，对于人们提出的一些愚蠢或者冒犯的问题也变得十分有耐心。对于现在的波德莱尔，大家都觉得他是一位迷人、优雅的人，对所有人都有着善意，为年轻人提出诚恳的建议。"

在再版《恶之花》之后的时间，波德莱尔经常在咖啡厅会见爱好者，和朋友们聚会。他经常按照自己的习惯对朋友说："我陪您去喝一杯吧？"当时神父孟莱斯和波德莱尔十分要好，也经常被波德莱尔"陪着"一起喝酒。孟莱斯回忆道："他很优雅，有着十分迷人的绅士气质。他经常问一些不认识他的女士读没读过波德莱尔的诗，但是让他不悦的是，女士们大多数都喜欢雨果。"

好友杜篷对于当时的波德莱尔回忆道："波德莱尔已经老了，青春已经悄悄地从他的身边逝去。一直消瘦的他已经开始发胖，头发也开始变得花白。这位诗人不像是一位歌唱苦涩的浪荡诗人，更像是一位十分睿智的中年人，他深邃的眼神变得更加让人不可琢磨，仿佛能够看透每个人的内心。"

杜篷说："波德莱尔是一个奇怪的人，就如同他的诗歌一样，就如同天使和恶魔的结合。当他心情不好的时候，他不会理会任何人，当时的他显得十分瞧不起他人，给人冷淡和忧郁的感觉，让人感到无法接近。他会一个人坐在小圆桌旁边，让侍者给他上一罐荷兰啤酒，手中拿着一只填满巴西烟草的烟斗，一个人静静地抽着烟喝着酒。整个晚上都是这样，不会和任何人说一句话。"

在波德莱尔心情不好的时候，对于他的爱慕者也十分冷淡：

"在当时的咖啡厅里有很多波德莱尔的崇拜者，都是年轻的文人。这些文人经常毕恭毕敬地去找他，在这位已经成名的诗人面前说一些十分奉承的话，或者为了向波德莱尔朗诵自己的诗歌。但是这个时候波德莱尔一直在抽着烟，对于这些年轻文人无动于衷地不说一句话。"

甚至有一次波德莱尔发了很大的火，根据杜篷的回忆，那是因为《费加罗日报》所引起的："当时有一个不到二十岁的文学爱好者，他拿了一张《费加罗日报》，想要向波德莱尔请教报纸上面一篇文章的问题。结果波德莱尔看到了这个人手中的《费加罗日报》，十分蔑视地向那个年轻人说，先生，是谁让你看这份报纸了？我从来不看这个写满愚蠢东西的报纸。"

但是如果当波德莱尔心情好的时候，他会对周围的所有人都报以友好的态度："波德莱尔会变得十分有礼貌，用十分完美和动人的口吻和周围的人交流。当我们和他交谈的时候，我们可以感觉到波德莱尔有着一种十分有力和有滋有味的东西在里面。当作家或者他并不是十分熟悉的人和他交谈的时候，波德莱尔会少有地安静，说话也会变得十分持重。"

对于当时波德莱尔充满魅力的形象，杜篷回忆道："波德莱尔说话非常少，但是声音却很低、很慢，而且抑扬顿挫，十分讲究每句话的音调和内容，让他的每一句话都显得十分完美。他在和别人交流诗歌的时候，感情显得十分细腻，从来不会粗鲁地笑出来，他会把嘴唇紧紧地抿着露出一丝微笑。在他的身上，有着教士和艺术家混合的气质，有一种十分奇特，让人无法理解的迷人气质。"

当时波德莱尔经常去的咖啡厅老板回忆道："波德莱尔喜欢戴

着一顶丝绸料子的帽子，这顶十分有特点的帽子给我们留下了深刻的印象。当时我问他这顶奇怪帽子的来历，他告诉我是从希腊专门定做的。当时在咖啡厅还有画家马奈，他和波德莱尔十分投机，专门为波德莱尔画了一幅画，画的就是波德莱尔戴着这顶帽子的侧面像。"

波德莱尔给这位老板留下了很深的印象："波德莱尔在我的店里除了和友人交流外，他还十分喜欢玩台球。他的玩法十分讲究，总是用指尖拿着球杆，就好像拿着笔一样。令人印象十分深刻的是，每次打台球的时候，他都会把丝绸料的袖子卷起来。"

杜篷也曾经回忆道："波德莱尔每当出现失误，他都会说，这要是一句诗，我立马撕掉。波德莱尔在打球的时候十分在意比赛的输赢，每当自己被人击败，他会让对方和他一起继续比赛，直到最后赢对方一局。最后，波德莱尔击败对方，屋中的每个人都会听到他小孩子一般的笑声。"

开始被大众接受的波德莱尔成为了很多年轻诗人所崇拜的对象。当时欧洲文坛崭露头角的年轻诗人阿尔贝尔就曾经把自己写的诗歌寄给了波德莱尔，从他的诗歌中可以看出深受波德莱尔的影响：

> 哦，热爱粗犷的事物的诗人，
>
> 热爱黏稠的饮料和绿色的尸体，
>
> 你为了找到美味可口的肉，
>
> 先在诗句的牙齿下感到它们的蠕动。
>
> 含着鸦片的诗句，你让人恶心，
>
> 然而，你的艺术是那么有力，诗情如此的大胆，

即使你在诗末没有腐尸可以歌唱。

如同阿尔贝尔自己所说的那样，波德莱尔已经成为年轻一代心中的文坛领袖："我读到一段最新发表的诗歌，我就会不由自主地想到，这首诗歌竟然像波德莱尔！现在对于我和我的朋友来说，波德莱尔是现在法国诗坛的领袖，我们都十分崇拜他，甚至可以说是在刻意地模仿波德莱尔的诗句。"

在当时，被年轻文人视为偶像的波德莱尔还有一位来自凯尔西的年轻弟子。这名叫作克拉岱尔的年轻人是一位小说家，当时波德莱尔看到这位年轻人所做《致永恒的爱》一文的手稿后，感到十分欣喜。波德莱尔当时向友人图班说道："我看到了他的文字，就如同是年轻时候的我自己。"这位已经成名的诗人主动要求为这位初出茅庐的作者修改稿件，并在信中给了克拉岱尔很多指导和帮助。

后来，波德莱尔利用自己在法国文坛上的影响力，把这位年轻作家克拉岱尔和他的作品推荐给很多法国文学家和杂志，在推荐信中他写道："我相信这位年轻的作家有着十分出众的才华，就如同没有经过加工的一颗钻石，散发着质朴的光芒。我相信，他以后可以写出具有惊人才华的作品，可以为大家提供具有独创性的作品。"

此后，波德莱尔把克拉岱尔的作品《可笑的殉道者》极力推荐给了自己的好友，也是《恶之花》第一版的出版商伊波利特·巴布。

这部小说主要是描写幻灭心情，波德莱尔还亲自为这部年轻人的作品写了一篇序："我跟年轻人接触的时候，感到十分不自在，因为通过这些年轻人，我看到了自己年轻时候的天真。对于我来说，和年轻人接触，就好像遇到了一位早已被自己所遗忘的中学同学，这个同学，可能会打我肚子拍我肩膀，让我重新回味，也让我重新变得年轻。"

伊波利特·巴布接受了波德莱尔的推荐。在《可笑的殉道者》一书印刷出版的时候，波德莱尔也为弟子克拉岱尔提供了许多帮助。伊波利特·巴布回忆道："波德莱尔对于这位年轻人十分关照，波德莱尔不仅仅亲自为这本书校稿，而且连错别字也一一挑了出来。可以说，波德莱尔这种工作的热情是十分少见的，以前只有翻译爱伦·坡和出版自己《恶之花》的时候出现过，让我感到十分惊奇。"

波德莱尔在平时和朋友聚会的时候很少把别人领回家中，但是对于自己寄予厚望的弟子克拉岱尔，波德莱尔是经常把他领回家中。两个人不仅仅是师徒，还是无话不谈的忘年交。就如克拉岱尔自己所回忆的那样："波德莱尔不仅仅把我当成了弟子，更把我当成了亲人。"

第七章 诗人的离去

1. 可怜的比利时!

虽然波德莱尔在瓮福勒尔过得十分开心，但是还有着一个挥之不去的阴影笼罩在波德莱尔的心头，那就是虽然自己诗集再版获得成功，但是他的经济状况却没有改善。

回到巴黎后，波德莱尔开始计划前往比利时首都布鲁塞尔。

当时，在布鲁塞尔有很多法国的文学家和艺术家，他们都是因为共和思想而遭受第二帝国政府的迫害，被迫流亡出国。在这个被人称为"法国流亡艺术圈"的组织之中，有很多人是波德莱尔的朋友，他们经常举办演讲宣传自己的共和思想，在当时法国和整个欧洲的艺术圈都具有极大的影响力。

波德莱尔写信给监护人昂塞尔说道："那个圈子之中的很多人都是我的好友，我去了以后，可以经常举行演讲，这样比书籍的稿费要挣得多。那个国家那些丰富、特别的画廊和艺术馆都十分吸引我，我能学到很多东西，并且能够写一本类似于旅行笔记的新书。"

随后，为了筹集必要的路费，波德莱尔专门向第二帝国政府提出申请，要求第二帝国资助自己700法郎，但是却没有成功。

波德莱尔开始联系流亡在布鲁塞尔的法国艺术家们，但是因为报酬的问题迟迟达不成协议，一直推迟到了1864年的4月。波德莱尔对此感到十分郁闷，他给母亲写信说："这件去演讲的小事已经变得遥遥无期了，但是我却必须前去这个陌生的城市。因为在那里每次演讲的收入可以有200法郎，这比我写东西挣的要多很多。"

但是，上天仿佛担心快乐的波德莱尔写不出那充满忧伤、敲击人心的诗篇，前往布鲁塞尔的路充满波折。直到1864年4月，他才在各方面的帮助下动身。动身前，他给母亲写的信中充满感伤，他说："我预感到这一次的旅行十分不祥。"

不过，为了挣钱和偿还债务，波德莱尔不得不离开……

1864年4月24日下午，波德莱尔到达了布鲁塞尔的南方车站，开始自己生命中最后的一段旅程。前去车站迎接他的朋友回忆道："他下车的时候给人感觉十分疲惫，头发已经开始发白了。虽然他刻意想让自己变得年轻一些，但是在不经意中，岁月的痕迹就会显露出来。"

波德莱尔在到达布鲁塞尔后，住到了大镜子饭店。波德莱尔在给母亲的信中写道："这个饭店的正面有些狭窄，上面有着一个公用阳台，阳台下面是用金色字母写的饭店招牌。招牌下面是饭店的大门，这个大门十分奇特，有着绚丽的色彩，我一直好奇这扇门是什么材料制作的。"

波德莱尔住到了39号房间，他向母亲描绘自己的房间："我的房间位于这家饭店的二楼，有一条陡而且窄的楼梯通上去。在进屋的第一眼就可以看出房间的家具十分普通。床的材料是仿桃心木，上面铺着一张鸭绒的绿色被子，显得十分简陋。一张粗糙的长沙发、一张旧的带扶手的椅子，两张已经被人坐破了的藤椅。地上铺着一张小地毯，上面有一张桌子，已经褪色的盖布显得十分肮脏。"

但是波德莱尔并没有感到失望，他向母亲说道："您不必担心我住不习惯，我这辈子一直在穷困潦倒中度过，所以我已经习惯了不舒适或者简陋的条件。最为重要的是，我现在在乎的不是生活条件，而是要尽快地实现我自己的想法。"在信的末尾，波德莱尔说道："最后再给您说一句，这个大镜子饭店的老板娘是一个小个子女人，脾气十分不好，看起来尖刻而且多疑，听说她还偷看信件。"

在等待演讲开始的那几天里，波德莱尔游览了布鲁塞尔全城和附近的卫星城及村庄。

波德莱尔给朋友写信描绘这座城市说："在一座不认识的城市里，一切事物都让我感兴趣，也让我感到十分刺激，我这几天都在闲逛。我发现布鲁塞尔是一座较为死板的城市，居民们循规蹈矩、深居简出。这里的居民工作十分勤劳，追求财富和宗教，习惯吃着美味佳肴和酸酸的法罗啤酒，但是却缺少对于精神层面的追求。"

对于布鲁塞尔的景色，波德莱尔非常满意："塞纳河的浑浊河水流过这个古老的城市，河边到处都是大型磨坊，市中心大广场周围都是呈网络状的曲折小巷。我非常喜欢这个俏丽而庄严，有着豪华装饰的大广场。这个广场周围有着非常漂亮的房子，就像是一些美丽的玩具。这个广场中有一个漂亮的温泉，每到星期天，卖粮食、蔬菜和酒的小贩就会聚集在这个广场中，让人感到流连忘返。"

和原先一样，波德莱尔十分注意观察底层群众的生活状态："这些小贩都居住在布鲁塞尔的下城。下城是布鲁塞尔市内的一片小丘陵居住区，里面是一群为了生存而忙碌的人，他们主要靠着小生意、手工业和工业来谋生。这个居住区十分肮脏、混乱，就如同是巴黎的拉丁贫民区一样。和下城相对的是布鲁塞尔富人区上城，那里人们锦衣玉食，都住着豪宅。可以说上城、下城是两个世界。"

在布鲁塞尔游览了几天之后，波德莱尔的演讲工作也准备完毕。5月2日的《比利时独立报》做出了预告，上面写道："这是一次动人的演讲，是一次触及灵魂的演讲。这一次的演讲人是法国著名诗人夏尔·波德莱尔，他会为您奉上一次名为《作为画家的欧仁·德拉克洛瓦》的精彩演讲。"

5月2日的晚上，当太阳小心翼翼地收藏起最后一丝光线，波德莱尔的演讲正式开始了。

第一次在公众面前进行演讲的波德莱尔没有感到局促，而是用独特的开场白一下子吸引了听众们："先生们，各位来宾，我很早就想来到这里和你们见面，我本能地感到，我会在布鲁塞尔获得大家友善的接待。请原谅我自己这种自命不凡的想法，因为正是你们在几乎不知情的情况下，深深地鼓励了我这个孤单的灵魂。"

波德莱尔给予了布鲁塞尔这座城市很高的评价："这种新的环境让我感到十分愉快，一种智力上的健康，一种愉悦顺畅的感觉，被所有人善意的氛围所围绕着。我在法国的时候很少感受到这种友善的气氛，尤其像我这样的人，很难得到法国的宠爱。"

在说完这些开场白之后，波德莱尔进入了演讲的正题。他开始讲到画家欧仁·德拉克洛瓦的死亡，还有死后画室中的作品被拍卖。最后，波德莱尔用演讲的方式向听众讲《国家舆论》中的《欧仁·德拉克洛瓦的作品与生平》一文。

吸引人的演讲总是使时光显得短暂，就在听众还沉浸在演讲氛围中时，波德莱尔宣布演讲结束。数秒错愕之后，现场观众爆发出雷鸣般的掌声，演讲获得了出乎波德莱尔意料的成功。

第二天，《比利时独立报》对此次演讲评价说："法国诗人夏尔·波德莱尔先生在比利时进行了第一次演讲，获得了非常热烈的、应有的成功。每一个听众都对这次演讲印象深刻，在离开讲座厅的时候都显得非常的高兴。"

这篇文章对波德莱尔评价说："这位波德莱尔先生不是一位一般意义上的演讲者，他既没有普通演讲者的手势，也没有普通演讲者经常采取的沉重音调。他给人感觉有些神经质，有的时候听众很难跟上他的节奏，感觉很累。但是波德莱尔这位个性的法国诗人，恰恰就是采取的不追求演说性效果的策略，所以反而得到了更好的效果。这次演讲十分成功，也使得波德莱尔在布鲁塞尔有了名气。"

演讲之后，波德莱尔把《比利时独立报》上的评论文章寄给了母亲，他说："这是关于我首次讲座的一篇评论文章，人们在这里说，我的讲座获得了巨大的成功，我本人也受到了极大的欢迎。但我要坦率地告诉您，一切其实都非常的糟糕。我来得太晚了，这里的人们十分地吝啬，做什么事情都显得十分缓慢。总的来说，这里的人都是大脑空空如也，比法国人要愚蠢得多。"

对于接下来的要求，波德莱尔写道："下周三我还要做一次演讲，也是一场朗诵会。我需要在这里打出名气，获得成功。我现在正在联系居住在布鲁塞尔的法国艺人，请求他们能为我提供帮助。"

确切地说，夏尔·波德莱尔的名声和新鲜感觉是他第一次演讲获得成功的关键。当波德莱尔不再显得神秘时，他的第二场演讲的前景也就不再乐观。

果然，当第二次演讲开始时，波德莱尔发现面积不大的演讲厅显得那么空旷，因为听众们已经对这个法国诗人丧失了兴趣，这一次来到现场20多个听众。在整个演讲过程中，波德莱尔沉郁的声线和严肃的主题丝毫不能带来愉悦感，于是现场的听众陆续退场。

在布鲁塞尔的《不倒翁》杂志上，有一篇描述波德莱尔演讲时的情景："在讲台的中央，有一张小桌，波德莱尔就站在小桌后面。他穿着一身丝绸料的衣服，打着白色的领带，一盏卡索灯将波德莱尔笼罩在明亮的光圈中。"

文章中对波德莱尔进行了详尽的描写："由于卡索灯灯罩的阴影，他那张苍白的脸上也带上了一丝阴影。他的脸部十分的活跃，但他的嘴明显地有着自己的生命。他的嘴一直紧抿着，很薄的嘴唇不停地抖动着，就如同词语在琴弦之下颤动。他站在讲台上，身体向前倾，用深邃的眼神看着下面的听众，如同一个天使在看着人间众生一样，让人感到一种灵魂出窍的意境。"

根据这篇文章的记录，波德莱尔当时进行了一场十分独特的开场白："这是我在布鲁塞尔第二次在你们面前演讲。在我做第一次公共演讲的时候，我可以说失去了语言上的贞操，而且失去这一次贞操并不比失去另一次贞操更值得惋惜。先生们，我现在要感谢你们的盛情款待，并且感谢你们对这些时间明显过长的演讲所表现出的关注。"

《不倒翁》记录道："但是演讲进行到中间，不知道为什么，波德莱尔先生临场发慌。当时他正在谈着自己的《恶之花》，突然开起了让人无法理解的玩笑，牙齿也格格地打战，他将鼻子深深地埋进讲稿之中。听众们都吓坏了，纷纷离开屋子，真的是十分失败。"

随着第二次演讲的失败，波德莱尔在布鲁塞尔的前景变得暗淡起来。当地媒体、群众对这位怪异的诗人抱有的敬畏、同情等复杂感情被厌恶、反感所取代。甚至在促成这次布鲁塞尔之行的"法国流亡艺术圈"内部也发出不同的声音，有的艺术家甚至认为波德莱尔在品德、精神上有问题。

随后进行的一系列演讲成果惨淡，波德莱尔的情绪跌到了谷底。

为了挽回败局，波德莱尔在仅有的几个朋友的建议下，决定举行一个小范围的文艺晚会，这次晚会邀请的都是艺术家和诗人。即便如此，波德莱尔收获的仍然是失望。

几天之后，波德莱尔在写给母亲的信中这样描述当时的场景："我请了30个来宾，但是只有5个人到来，没有来的25个人中也只有两个人记得给我写信表示歉意。您想一想，三个大大的厅，被大烛台、水晶灯具照得通明，装饰着十分漂亮的画作，还有桌子上那一大堆十分丰盛的蛋糕和酒。这上面的一切只是为了不到10个脸带愁容的人么？这一切实在太可笑了。"

波德莱尔用戏谑的语言来掩饰自己心中的悲伤："我看到我的演讲让所有人都不感兴趣，所以我就停了下来。我开始喝酒吃桌上的东西，我的几位朋友都感到十分尴尬和窘迫，只有我一个人在笑。一切都失败了，在比利时演讲的计划彻底失败了，失败得让人感到可笑，我到现在仅仅挣了100法郎。"

演讲的失败，也让波德莱尔对布鲁塞尔这个城市感到了厌恶，他在给图班的信中说道："您知道，我十分想念我的母亲，也十分想念在瓮福勒尔居住的日子。这里的生活十分无聊，甚至比法国人更加愚蠢。"

图班回信让波德莱尔回到法国，但是波德莱尔说："我怕极了，我害怕在巴黎被债主们包围，我即使回到法国，也没有办法在瓮福勒尔和母亲那里得到真正宁静的休息。对于我来说，这种恐惧让我感到十分痛苦，我只想能够衣锦还乡地回到母亲身边。"

从这封信中，我们可以清楚地明白诗人心中的想法，那就是没有脸面穷困潦倒地回到法国，也无法背负债务去见自己的母亲。

但是滞留在布鲁塞尔的波德莱尔除了200法郎的生活费之外，几乎没有什么其他的收入。波德莱尔已经没有心思再举行演讲了，他每天都待在旅馆中，大骂这个国家。他给母亲写信说："来到布鲁塞尔之后，我再也没有从任何人那里得到任何钱。这里的人现在对我摆起了冷漠的脸孔，我可以清醒感觉到他们对我的轻视的态度。"

波德莱尔在给母亲的这封信中描写了自己穷困潦倒的生活："我现在需要继续生活下去，但是我身上几乎没有钱了。除了旅馆之外，还需要一大堆费用。这两个月我不得不采取一些让人可笑的诡计来支付这些小费用，比如烟、纸、邮票等等。我现在梦想能够喝到金鸡纳酒，这对于我来说已经跟一个浑身脏兮兮的流浪汉梦想着能够有一盆洗澡水一样疯狂了。现在的一切对我来说都十分艰难。"

波德莱尔当时已经十分清楚地认识到，自己还不清所欠下的债务了。对于这位诗人来说，他已经对于一切感到麻木，待在布鲁塞尔对他来说是一种逃避的方法。就如同图班所说的一样，波德莱尔已经"完全地陷进泥沼之中"。

对于波德莱尔来说，这是最为可怕的，因为原先的他会努力地和世俗相抗争，但是现在，这位诗人已经麻木，只想着逃避。

波德莱尔在给萨巴蒂埃夫人的信中写道："我的身上有着一种

让人感到憎恨的东西，这不是因为我的性格差，而是由于我过于敏感，而且容易动怒。我为什么要待在布鲁塞尔？因为现在已经没有我能够容身的地方！我现在哪里都已经待不下去了，我无法穷困潦倒地回到母亲的身边，这是多么可怕的一切！"

在这封信的结尾，波德莱尔写道："我是多么想回到瓮福勒尔！我不想在这个愚蠢的地方多待一天！现在，不管在精神上还是身体上，我都有一种身在深渊之中的感觉，在我的脑中充满着歇斯底里和疯狂。是的，这些您应该都感觉到了，我变了，我坦诚地告诉您，我现在对于一切已经麻木了！"

2. 疾病缠身

在布鲁塞尔的日子里，波德莱尔不仅没有获得事业上的成功，身体也开始变得越来越糟糕。

在1862年第一次出现神经痛的症状之后，波德莱尔的身体越来越糟糕。在布鲁塞尔期间，波德莱尔因为心情的关系，身体状况开始恶化。

波德莱尔在给昂塞尔的信中说道："我的身体变得十分糟糕，我自己对此感到非常的担忧。都怪这个可恨的比利时，这实在是一个应该诅咒的国家！这里的大地总是湿漉漉的，气候也十分潮湿，让人感到十分不舒服。这里用大桶里的雨水去清洗人行道，那没有味道而且厨艺不精的食物让我感到痛苦。总的来说，这个国家的气氛和生活方式让我感到十分压抑。"

备受折磨的波德莱尔不得不卧病床榻，十天之后，当他出现在朋友面前时，就像是一条鬼影出现在太阳下，他的朋友回忆说："我见到了波德莱尔，他显得十分痛苦，脸色十分黯淡，好像失血过多一样。他的头上包着一块手帕，就像一个拉车人一样，他告诉我只有这样他的头才能好受，不然他会因为神经痛而头疼欲裂。"

1865年5月，倒霉的波德莱尔的神经痛又复发了，还伴有腹痛。长期以来服用阿片酊治疗神经痛的习惯所造成的恶果已经显现，长久积累在波德莱尔身体内的阿片酊已经摧毁了波德莱尔身体的健康。波德莱尔异常痛苦，他给友人杜篷写信说："我感到十分厌烦，我觉得我自己就像是一位殉道者。我现在几乎断掉了和任何人的联系，我宁愿忍受这绝对的孤独。我现在已经感到自己再也见不到我母亲了。"

没过3个月，也就是8月份，波德莱尔的病情又开始复发了。波德莱尔写信给母亲说："我脑袋之中的神经痛已经持续了近15天时间，这让我痛不欲生，因为您知道，这让我感到疯狂！为了能写作，也为了能挣到一些生活费，我不得不用一块浸了凉水的棉布包在头上，这样我才能稍微好受一点。我经常在棉布包内加上一些镇静水剂，我一直在吃由鸦片、洋地黄和颠茄所组成的药片。"

到了12月份圣诞节，波德莱尔的病情变得越来越严重，他给昂塞尔写信道："我的脑子里面好像有波浪一样，让我的精神根本没有办法集中。这主要是这一年中我一直生病，而且服用了大量含有鸦片、洋地黄、颠茄和奎宁的药剂所造成的。现在的这个医生不知道我原先经常服用鸦片，所以他就给我配了这样的药剂让我服用。现在这种情况让我感到十分的痛苦，但是要比前两天好多了。"

他给母亲的信中写道："最近几天连续生病，虽然现在还是感到很闷，而且也无法集中精力，但是相对来说已经好多了。我在前几天一直有着头疼和呕吐的症状，让我感到无比的痛苦。我连续好几天必须躺在床上一动也不能动，因为如果下床，即使我蹲在地上也会倒下，因为我的脑袋要比身体更加沉重。医生现在已经不给我开什么药了，只给我喝维希水，但是我现在一分钱都没有了！"

当时为波德莱尔治疗的是一名名为奥斯卡·马克斯的年轻医生。对于这位医生的询问，波德莱尔并没有向他说明自己以前的病史，用波德莱尔的话说，"隐瞒这些不会产生什么影响"。

所以这位年轻的医生没有判断出波德莱尔的病因，只是根据波德莱尔的叙述为他开了很普通的止痛药。但是这也使得波德莱尔对这位医生感到腻烦，因为"这位医生竟然让我戒酒，也不能喝咖啡和抽烟！"

波德莱尔向这位年轻的医生叙述道："我发现，一般来说当我不吃饭的时候，这些痛苦的病症就会发作，但这只是一般的感觉，我也无法弄清楚这些病症会在什么时候发作。总的来说，这种病症就如同幽灵一样围绕着我，不知道什么时候就会出现。"

对于自己发病时的感受，波德莱尔十分痛苦地向这位医生描述道："一开始发病的时候，我会感到脑袋一阵阵的发晕，非常的痛，还伴有胸闷的症状。然后我全身的肌肉都会痉挛，浑身发闷，出现严重的眩晕。当时我只能躺在床上，站一会都会倒下，坐着的时候也会倒下。眩晕结束以后，我会出现剧烈的呕吐症状，呕吐出黄颜色的液体，有时候甚至会呕吐出血来。这就是我现在能记得的一切。"

波德莱尔给母亲的信中写道："当时我的病情不断地发作，比如眩晕、头疼、呕吐、痉挛等症状，几乎每天都会犯一次。除非我脸朝上躺在床上，因为我根本无法保持自己的平衡。我的医生一直不断地问我，我到底有没有听从他的处方和注意事项。我根本不敢告诉他，我什么都没做，比如洗温泉、喝维希水、戒烟酒和咖啡等我一项也没有做。这是因为我没有钱，而且我觉得这对于我没有效果。"

波德莱尔病情恶化的消息已经传回到了巴黎，并受到整个法国文坛的关注。除了《费加罗日报》一如既往地发表了一篇《恶魔病了》以外，大多数人都对于传闻表示担心。

好友阿瑟利诺写信向波德莱尔说道："请您不要让您的朋友再感到担心，希望您能回一封信，或者寄点什么东西给我，让我能够告诉大家您的真实情况。希望您能把医生的诊断和处方寄给我，这样我们可以了解您现在的身体情况。如果您能写信告诉我们，您身体状况究竟如何？发病时的症状是什么样的？这样我们可以在巴黎找一个著名的医生问一问，我们相信这对您会有所帮助。"

波德莱尔回信说道："对于现在的我来说，抬笔写信已经不是一件容易的事情了。说实在的，来到布鲁塞尔这20个月的时间里，我一直都在生病。2月份的时候，我的头部患上了强烈的神经痛，这让我基本上不能写作了。除此以外，我腿部的关节上也出现了极为尖锐的关节痛的症状。"

对于自己的症状，波德莱尔向阿瑟利诺描述道："在1866年1月份的时候，我原先的症状开始复发，而且还出现了许多新的症状。有一天晚上，我因为演讲而没有吃东西，到了要睡觉的时候，病症就如同洪水一样袭来。开始的时候，我在地上痛苦地打滚，不断地爬起、跌倒，就如同一个疯狂的木偶一样。我紧紧地拉着家具，把它们朝我拉来，痛苦地把头往家具上撞去，只有这样我才能好

波
德
莱
尔
传

159

受点。"

接着波德莱尔向友人谈起了自己治疗的情况："为了能够治疗让我痛苦的神经痛，医生给我服用奎宁、洋地黄、颠茄和吗啡，还有大量的松脂和镇静剂，但是我觉得没有任何的实质作用。现在除了上述的药物以外，医生还让我服用维希水、以太、阿魏和锌氧化物。医生说这些药物可以大大地缓解我的痉挛症状，但是我自己并没有感到什么效果。"

波德莱尔接着写道："除了这些治疗以外，医生还希望我经常散步，能够戒烟戒酒。但是这些方法直到现在也没有起到任何作用。医生奥斯卡·马克斯形容我的症状已经处于歇斯底里的状态，如果让我用良好的语法来形容的话，那就是我已经疯了！我现在已经变得十分笨拙，不想见到任何人。这一段时间我十分痛苦，您见过这样的病症么？您见过有人会得这种病么？"

最后，波德莱尔对于友人们的关心表示感谢："谢谢您和大家对我的关心，我真的没有想到穷困潦倒的我还会受到大家的关注。再一次谢谢您给我写信，希望您能够回信，这样能使得我开心一点。最后，见到杜篷等好友的时候，请您把我的情况告诉他们，代我和他们握手。"

阿瑟利诺接到波德莱尔的回信之后，找到了当时巴黎著名的医生奥杰。奥杰曾经是拿破仑三世的私人医生，在巴黎医学界享有十分崇高的威望，也是巴黎文人们的老朋友，经常为一些作家们看病。奥杰很早之前就认识波德莱尔，而且为波德莱尔看过很多次病，对于波德莱尔的病况十分了解。奥杰看到了波德莱尔的病症，认为这些十分严重的病症并不乐观，但是不见到病人，无法准确判断。

阿瑟利诺没有将奥杰所说的情况告诉波德莱尔，他给圣佩甫说了奥杰的判断。圣佩甫十分担心，只能小心翼翼地给波德莱尔写信说："我们已经都问过巴黎的医生了，您必须要好好地遵守作息时间，还要遵守健康的饮食习惯。医生说您的体质还算不错，但是您的神经有些疲劳并且过于敏感，所以您必须避免任何刺激神经的事情。我知道无聊是一件难熬的事情，但是为了您的健康，这是必须的。"

波德莱尔回信说："您能不能帮我去找一下巴黎的拉赛格医生？我听说他善于治疗因为病症变得歇斯底里并且已经发疯的病人。"为了能够得到这位医生的治疗，波德莱尔还专门附上了自己的病况，希望圣佩甫能交给拉赛格医生。

波德莱尔在自己的病况上写道："在2月份的时候，我的症状是头部的神经痛和腿上的关节炎，用了很多药，但是没有起到任何作用，整个病症持续了大约有10天时间。12月份复发，除了以上的症状之外，之间还有呕吐和眩晕的症状。这一次持续时间非常长，大约有20多天。这次服用了奎宁、洋地黄、颠茄和吗啡等各种药片，稍微起到了一定的缓解作用。"

对于自己现在的情况，波德莱尔写道："现在服用了很多药效很强的药物，包括以太、维希水、锌氧化物和阿魏等。服用这些药物使得我痉挛的症状得到一定缓解，但是却造成了我精力无法集中，脑袋感觉十分沉重和麻木。总的来说，我现在感觉自己非常笨拙、非常迟钝、非常虚弱，感觉自己的生命正在这些病症中慢慢耗尽。布鲁塞尔的医生说我已经歇斯底里了，我感觉我自己已经疯了。"

为了让居住在瓮福勒尔的母亲能够放心，波德莱尔在病中专门写了一封长信来说明自己的情况。波德莱尔对母亲说道："我现在头十分痛，总是感觉要裂开一样。我听说您为我十分担心，写这封信就是要告诉您，请您放心。"

接下来，波德莱尔开始谈及自己的病情和治疗情况："您要知道，在这3天之中我没有头晕，也没有呕吐的症状。但是我的头还是十分疼，集中不了自己的注意力，仿佛自己的意识已经不受我控制了。奥斯卡医生一直让我说服我自己，去街上散散步，但是我却做不到。你能够想象在布鲁塞尔这个糟糕的城市里散步么？这里的街道十分难看，坑坑洼洼的路面也让我不想出门。"

对于自己不想出门的原因，波德莱尔说道："您不要因为我不听医生的嘱咐而生气。我曾经尝试着出去走走，但是每当我后面有一个人走过，甚至是一个小孩和一条狗经过都会让我感到眩晕。亲爱的母亲，您儿子真是太可笑了！昨天我尝试着去看一场艺术展，但是只看了两幅画，我的脑子仿佛就像被染料全部涂满了一样，我不得不冒雨回到旅店。当我回到旅店时，我就又开始呕吐了。"

对于母亲嘱咐自己多洗冷水浴和游泳，波德莱尔解释道："您的这个建议十分好，而且我确实喜欢游泳和冷水浴，但是在这个该死的布鲁塞尔，竟然连一条能够游泳的河都没有！上帝啊，您没有看到塞纳河那肮脏的河水！的确，现在布鲁塞尔已经有了人造的游泳池，但是里面的水仿佛被机械一样的东西弄得有些温热了，我一想到就觉得厌恶。所以这个建议就如同散步一样，让我无法接受。"

对于今后的打算，波德莱尔向母亲说道："我要去问问，在哪里可以去洗冷水淋浴，我感觉那样我一定会好受一点。我现在也已经戒烟戒酒，并且注意健康的生活方式，我相信我一定会好起来的。亲爱的母亲，当我的病好了以后，我一定会回到瓮福勒尔，然后哪里都不去，在那里和您一起过宁静的生活。"

但是过了一个月，也就是2月份，波德莱尔"又开始抽烟"，并且对友人说道："我对于所有的药片都感到十分厌恶。这半年的时间，我因为病症一直躺在床上。我现在不知道应该怎么活下去，我害怕我会瘫痪，到那时候我将怎么生活下去？所以我现在觉得，我应该过得快乐一点，至少能从容地迎接死亡。"

波德莱尔这位诗人，不仅仅看透了人间的美善丑恶，而且十分清醒地预料到了自己的未来，那就是对于这些痛苦的彻底摆脱。

当时居住在布鲁塞尔的雨果对波德莱尔这位朋友也感到十分担心，他和自己的私人医生费雷德利克一起去大镜子旅店看望波德莱尔。回来以后他向自己的夫人说道："费雷德利克医生已经详细地诊治了波德莱尔先生的病情，十分不幸的是，费雷德利克医生认为波德莱尔先生已经无法医治了。他只是让波德莱尔先生多吃一些含铁质的食品，这样能够补充血质，稍微缓和神经和胆囊的症状。"

在雨果等人的监督下，当时的波德莱尔基本上遵从了医生的嘱咐。比如多吃烤肉、不喝茶、冷水淋浴和散步，但是对于咖啡和酒的嗜好却一直没有戒掉。波德莱尔曾经给奥斯卡医生说过："现在喝咖啡会让我的脑子充血，有一种类似醉酒的感觉。"在这种情况下，波德莱尔不得不戒掉了嗜饮咖啡的习惯，但是对于酒类，波德莱尔仍然喝得很厉害。

当时居住在布鲁塞尔的雨果曾经回忆道："波德莱尔先生没有听从医生和朋友们的嘱托与劝告，为了缓和症状，他私自使用鸦片等镇静剂。对于烧酒，波德莱尔的意志十分薄弱，禁不起酒精带给他的诱惑，甚至经常背着医生去酒馆喝高度白兰地。当他到我家吃饭的时候，我从来不在餐桌上摆放烧酒，因为只有那样才能不让他喝那些酒精毒药。如果摆放了烧酒，他的欲望是永远止不住的。"

在3月份，病情稍微稳定了一些后，波德莱尔想到了离开比利时回法国。他在给母亲的信中深情地写道："至于我自己的情况，现在已经好多了，我会向您保证好一切！我要回家，回到瓮福勒尔的家，因为我不想到时候会像一个病人一样让人抬着送进医院。您知道么，这里的天气十分潮湿，这对于我的病症非常的不利，我要赶紧离开这里！因为这里的人甚至会在下雨的时候冲洗房子！"

但是这位诗人没有预料到的是，他最终没有回到瓮福勒尔的家中和母亲团聚，这句"让人抬着送进医院"也在一个月后变成了现实。

在1866年的3月16日，波德莱尔和友人一起前往圣鲁教堂参观，这次旅行对于波德莱尔这位一生桀骜不驯的诗人来说，是一生中最为不幸的旅行。

和波德莱尔一起旅行的欧仁·克雷派回忆道："波德莱尔当时在陶醉地欣赏雕刻得十分精美的忏悔堂，只见他身体突然摇晃了一下，并且失去了知觉，倒在了台阶上。我们赶快把他扶起，他好像并不紧张，甚至开玩笑地说自己只不过是脚下滑了一下。大家也都假装相信，但是心中却不免有些忧虑，并且开始暗自注意他，以盼能够防止意外的发生。"

第二天，波德莱尔病情突发，欧仁·克雷派说道："第二天早晨，当我们起床吃早饭的时候，我们发现波德莱尔的神智有些不清了，已经无法使用刀叉来进餐。大家看到这种情况，意识到有些不妙，于是决定结束旅行，赶紧把波德莱尔扶到车站。在进车厢的时候，一件可怕的事情发生了，他让我们把门打开，但是当时车厢的门是开着的。"

欧仁·克雷派痛心地回忆当时的情景："当时我们都惊呆了，因为我们明白这意味着什么。从那时候开始，波德莱尔脑部的病变使得他患上了失语症，这位伟大的诗人再也无法吟唱出那些美丽的诗篇了。"

3. 死神已经降临

在友人的护送下，波德莱尔回到了布鲁塞尔大镜子旅店的房间里，当时的他病情虽然恶化，但是还能走动，还能写下东西。

3月20日，深知自己病情沉重的波德莱尔给母亲欧皮克夫人去了一封信，而这封信，竟然成了波德莱尔留在世界上的最后的笔迹。

他说："这可能是我最后的一封信了，当我试图抬笔写字的时候，我的脑子仿佛被刀砍一样，我亲爱的母亲，希望您不要介意我的字体和内容。现在我将为您解释一下到底发生了什么事情。"接下来，波德莱尔就向母亲描述了自己发病时的情况，并且描述了自己当时的情况。

除了悲伤，再也没有合适的词语能够形容波德莱尔当时的情况。

此后波德莱尔再也没有写下一个文字，我们只能通过他友人的信件来了解当时的情况，马拉西在给阿瑟利诺的信中写道："22日和23日的晚上，波德莱尔的病情一下子变得更为严重了，我所说的严重是指他已经无法下床活动。我去看了他，他的意识开始变得有些模糊。除此以外，躺在床上的波德莱尔已经无法根据自己的意图控制自己的右侧身体，双手也已经无法动弹。"

在23日的下午，波德莱尔艰难地口述了一封给母亲的信件，波德莱尔在信中说道："如果这一次我能够恢复健康，我以后再也不会从事任何文学活动。之所以下定这个决心，是因为我对文学已经没有了激情，我的心已经麻木了，或者说我的心已经死了。但是，亲爱的母亲，我能清醒地感觉到死神的逼近，我已经熬不过这次劫难了。"

波德莱尔也许是因为担心母亲的感受，他并没有把自己逐渐瘫痪的残酷现实告诉自己的母亲。一直到4月1日，马拉西才背着波德莱尔给欧皮克夫人写了一封信，欧皮克夫人才借此了解了波德莱尔的真实病情。

马拉西在信中对欧皮克夫人说："夫人，我不得不通知您，波德莱尔先生已经几乎瘫痪了，他已经卧床不起，无法控制自己的身体了。医生说他是因为患上了一种神经性的疾病，虽然波德莱尔先生反对我写这封信，但是我们这些友人们不得不告诉您实情。夫人，我建议您马上把他从布鲁塞尔接回法国，请您放心，我们这些波德莱尔的朋友每天都在陪伴着他。"

欧皮克夫人回信说："我现在已经无法对您采取礼貌的态度了，希望您告诉我，我儿子的疾病到底是怎么回事？我会尽快地赶到布鲁塞尔，在我到达之前，希望你们能够帮助我照顾好您的这位朋友，他是那么的可怜！先生，我真的感谢你，我再次向您和夏尔的朋友们表示我的感谢！"

不幸的是，急火攻心的欧皮克夫人突发心脏病卧床不起，她不得不拜托昂塞尔先生去布鲁塞尔接波德莱尔。波德莱尔得知消息之后，他口述信件向母亲表示反对："首先我现在已经处于动不了的状态，我无法完成这次旅行了。再者，我不愿这么狼狈地回到法国！"

虽然波德莱尔仍然倔强地拒绝昂塞尔先生的到来，但是他的友人们却对这位卧床不起的诗人感到担忧。马拉西再次背着波德莱尔给昂塞尔先生写了一封十分紧急的信件："先生，我不得不通知您，您必须马上前来布鲁塞尔，波德莱尔先生的神经系统已经完全紊乱了。在我写这封信的时候，波德莱尔先生的病情又开始严重了，他现在已经无法感受到自己右侧身体的存在。"

马拉西所说的"病情又开始严重"发生在4月9日，在这一天，波德莱尔右侧的身体完全瘫痪，而且不可治愈。这次半瘫也是导致波德莱尔这位伟大诗人最终死亡的直接原因。

在10日，雨果让自己的儿子夏尔·雨果前往探望波德莱尔，在目睹了波德莱尔当时的病情后，夏尔·雨果对自己的父亲说道："波德莱尔完了，在我离开的时候屋子里没有别人，我觉得把这样一个可怜的人留下实在是太可怜了！死神已经开始降临在他头上！"

第二天，马拉西在给杜篷的信中写道："今天是一个令人悲伤的日子，我们的朋友夏尔·波德莱尔已经完全丧失了自己的意识。当时我们很多人聚集在他的房间中，但是波德莱尔一个人都不认识了，他只是抬起头来，用空洞的眼神看了我们一圈。我们都清醒地感觉到，那个人已经不是我们所熟知的波德莱尔了，那个伟大的灵魂和思想已经离开了这个躯体。"

马拉西悲伤地写道："我们一直害怕波德莱尔会丧失自己的意识，因为波德莱尔是一个十分少见的天才。一开始我们只是认为这是比较复杂的神经疾病，但是当他开始瘫痪的时候，我们就已经意识到了这一天的到来。在波德莱尔的眼神变得空洞的那一刻，我们很多人都忍不住哭了起来，那是为了一个伟大灵魂的离开而哭泣。"

4月12日，监护人昂塞尔先生赶到了布鲁塞尔，这位尽职的监护人认为将波德莱尔留在旅馆无法照顾好他，决定将波德莱尔送到医院。马拉西回忆，昂塞尔先生当时说道："让这个可怜的人最后能过得舒服一点吧！"

昂塞尔先生来到布鲁塞尔几天之后，波德莱尔被他送到了圣约翰和圣伊丽莎白医院，当时这个医院最好的医生勒基姆和克罗克向昂塞尔先生说道："这个人已经没救了，只能尽力让他少一点痛苦。"

友人阿瑟·史蒂文斯对于当时的情况回忆道："我们把波德莱尔送到了一家教会医院。当时我们所有人都清醒地意识到，这位诗人已经不行了。我们在他身边陪伴着他，替他给别人写信来通知病情，去帮他喊医生和护士。我们非常欣慰，因为这些都能给这位可怜的人一点帮助……"

圣约翰和圣伊丽莎白医院是一家教会医院，位于布鲁塞尔的灰烬街。这个医院外表看起来十分冷峻，但是进门之后，会发现温馨的内院和花园。医院是一座巴洛克式建筑，走廊十分宽敞，白色大厅装饰着精美雕塑。波德莱尔就被医院安排在这个大厅之内。

波德莱尔已经处于植物人的状态，这个状态一直持续了17个月，一直到他进入蒙帕纳斯墓地。在这中间，波德莱尔没有清醒过，所以这一段时间里，对于诗人的情况只能通过他母亲和友人的信件来了解。

当时，波德莱尔已经无法说话，手臂也无法动弹，只有那双深邃的眼睛能够表现出他当时下意识的情绪。当马拉西告诉他，大家要把他送回巴黎，"他的眼神突然不再空洞，而是变得出奇的愤怒。"但是当马拉西说要把他送回瓮福勒尔找他的母亲时，诗人的眼神"突然有亮光闪过"。也许正如诗人给母亲的信中所说到的那样："和母亲一起居住在瓮福勒尔是我一直以来的梦想之一。"

波德莱尔的朋友们在这段时间给予了波德莱尔极为细致的关怀，史蒂文斯给欧皮克夫人的信中写道："我们现在根据您所说的来判断波德莱尔的喜恶，我们发现波德莱尔并不喜欢这里的饮食，如果我们偷偷喂他一点酒，他就吃得多一点。医生已经告诉我们所有人，如果他想喝酒，那么就让他喝一些吧，治疗对他来说已经没用了，我们尽力让他高兴一点，尽管他自己可能已经感受不到高兴了。"

第二天又是一封史蒂文斯给欧皮克夫人的信："我们都已经无法忍受这个医院的修女们了！她们认为帮助一位不信仰宗教的病人是一件极为困难的事情，您能想象么？她们会在给波德莱尔治疗的时候向他讲着上帝，甚至要求这位已经没有意识的人去高声念一些给上帝的祷告词！我的天啊，我不知道如果这些修女知道这位病人曾经称呼她们的上帝为傻子的时候，会不会把我们直接扔出去？"

欧皮克夫人因为腿病和心脏病暂时无法前往布鲁塞尔，她给马拉西的信中写道："我怕他会因为我不在他的身边而感到痛苦，是啊，如果我的儿子见不到我在他的床头照顾他，他究竟会怎么样呢？他现在已经无法知道我的身体状态了。如果现在是必须前去和我即将辞世的儿子吻别，那么我即使拼了这条老命也会前去的！但是理智告诉我最好还是等待。"

在信的末尾，这位母亲写了非常感人的一段话："我为了养活他要开始养精蓄锐，我必须活下去，我已经没有了丈夫，不能再失去我的儿子。我必须活下去，这样我可以把一些美好的时光献给他，能在身边照料他，让他能够轻松地走完这一最后的旅程。"

4. 诗篇的终结

4月14日欧皮克夫人赶到了布鲁塞尔，住进了昂塞尔安排好的一家旅店。前去接站的是马拉西，后来他回忆，当白发苍苍的欧皮克夫人从车上走下来的时候，他上去拥抱了她，两个人就在站台上痛哭起来。

不过，当欧皮克夫人出现在波德莱尔面前时，她并未表现出悲伤，即便他已经意识模糊。一起前来的阿瑟利诺回忆说："我们可以看出夫人在儿子面前强颜欢笑，但是她的步伐已经开始颤抖起来。"

波德莱尔的病情并不明朗，阿瑟利诺16日写信给杜蓬说："一直到现在，波德莱尔没有说过一句话，也没有能写下一个字母。他无法表达他的想法，如果他还存在想法的话，我们只能努力去理解他的一些下意识的举动。我每天都用两个小时的时间仔细观察他，观察着他的眼睛和他的面部，我试图去弄清他的思考状态。但是我现在真的不敢说，他其实已经没有思考的能力了。"

至于欧皮克夫人，他说："对于这位白发苍苍的母亲，我已经没有什么好说的，因为即使我什么都不说，您也会想象到这位目睹儿子病情的母亲会是什么样的状态。我们大家现在决定，至少我自己决定，对于波德莱尔将会永不放弃，一直到他安静地摆脱痛苦，升入天国。"

来到布鲁塞尔几天之后，镇定下来的欧皮克夫人向巴黎的波德莱尔监护人昂塞尔写了一封信："医生们没有向我隐瞒我儿子的病情，直接告诉我病症十分严重。但是他们怕我承受不住儿子严重的病情，所以一直在尽力用着比较温和的词语，比如说因为用脑过度而导致脑部衰老等。但是我已经明白了一切，我的儿子的灵魂已经离开我了，现在只剩下他的身体在陪伴着我。"

欧皮克夫人在信中还提到了朋友们对于波德莱尔的帮助："我要谢谢他的朋友们，他们给了我儿子很大的帮助。特别是马拉西，真的是一个优秀的年轻人！当他见到我的时候哭得热泪盈眶，让我十分感动。他一定有着世界上最为美好的灵魂！"

对于波德莱尔，欧皮克夫人向昂塞尔说道："也许他只剩下了潜意识，当他见到我的时候，眼神突然有了精神。您知道，这让我有多么的欣喜啊！医院的修女们想让他做一个十字架的手势来表示对于上帝的感谢，但是他马上闭上了眼睛。您真的无法想象当时的场景，我的儿子即使到了现在还不喜欢被人束缚！也许这就是埋藏在他灵魂最深处的东西吧！"

对于医院的生活，欧皮克夫人写道："我觉得这个地方已经不适宜我的儿子居住了，因为当我推着他前往院子里晒太阳的时候，那些修女们甚至会用圣水泼洒我们走过的地方！我认为我儿子肯定无法忍受这一点，虽然他现在无法表达自己的意图，但是我相信这肯定是他的想法。"

波德莱尔的病情在欧皮克夫人来到布鲁塞尔之后不但未见好

转，反而进一步加重了。伤心的欧皮克夫人同医生郑重地谈了一次话，医生表示他们已经尽力，请夫人节哀顺变。

接受儿子即将离世的欧皮克夫人在4月19日做出决定，将波德莱尔送回大镜子旅馆，一直跟随在身边的马拉西在给杜篷的信中回忆起当时的场景："马车在街上缓缓地前行，波德莱尔在我的身边看着窗外，他的眼神更加空洞，仿佛世间万物已经不存在他的眼中了。我不知道，这空洞的眼神究竟是因为灵魂离开的麻木，还是看透世间万物的淡然？"

马拉西说："波德莱尔现在基本上丧失了语言能力，只能从嘴里发出噗、噗的声音，我们通过几天的观察认为一般来说那是表示喜欢和同意。我们在旅店中给他安排了一间通风的大房子，他母亲则住在旁边的一个相连的小房间里。进入房间以后我们给他了一杯泡着茉莉花的水，然后又给了欧皮克夫人一杯，当欧皮克夫人喝泡着茉莉花水的的时候，在一旁的波德莱尔嘴中发出了噗、噗的声音。"

马拉西深有感触地说道："当时每个人都哭了，即使诗人的灵魂已经远去，但是他仍然关心着自己的母亲。"

"死亡"在一定意义上改变了波德莱尔的形象，在"遥远"的巴黎，人们不再计较诗人的怪异，原谅了诗人的抨击。尽管，实际上这些人永远也不会真正理解诗人伟大的心灵。

波德莱尔病危的消息传回了巴黎，巴黎的杂志社和报社争相发表文章赞扬他的伟大。

《事件》杂志在头版发表了一篇名为《为他祈祷》的文章，文章中写道："我们刚刚得到阿瑟利诺传来的消息，夏尔·波德莱尔还活着！感谢上帝！阿瑟利诺告诉我们，虽然波德莱尔的病情十分严重，但是他仍然坚强地活在这个人间！我们杂志社的同仁将一起为他祈祷，祈祷上帝不要带走这位伟大的诗人！"

《侏儒》杂志刊登了拉玛德莱纳的一篇文章，文章中写道："《恶之花》的作者波德莱尔已经病危了，这位伟大诗人的生命随时都有可能离开我们。我和他认识了有20年的时间，我们彼此之间都很熟悉。我将会不带任何主见和奉承地评论这位诗人，他是一个十分值得尊重的人，他的才华无以伦比，是上帝的天使，撒旦的宠儿。"

《布鲁塞尔日报》也发表了一篇文章，文章给予了波德莱尔很高的评价："他的脑子里面充满着常人所无法理解的智慧，带有深邃而又敏锐的目光，仿佛在扫视每个人心中的罪恶。由于厌恶平庸的东西，或者为了显示自己出众的才华，他总是写一些让人感到不适的文字。但是任何接触过他的人都认为波德莱尔先生是一位绅士，一个真正充满智慧的绅士。"

除了这几篇文章以外，欧洲很多报纸和杂志都出现了有关波德莱尔的文章，大多都是对诗人表示同情和祝福的。

当诗人健康地活着，需要温暖和关爱时，他得到的是刀枪棍棒；当诗人病危时，他却得到了王冠。诗人？你想要什么？是不朽的诗篇还是世界的温暖？这可真是绝妙的讽刺。

欧皮克夫人仍然一直陪伴在儿子的身边，给了他无微不至的照顾。马拉西回忆说："欧皮克夫人已经72岁了，但是仍然整天为波德莱尔而忙碌，有好几次我想去帮忙，但是她都拒绝了，是啊，也许只有自己照顾才会使这位年迈的母亲真正地放心。有时候她会给儿子朗读一些诗歌，比如雨果的诗句，这个时候波德莱尔就会瞪大眼睛，发出噗、噗的声音。她的儿子十分像她，特别是嘴唇和额头。"

出人意料，在欧皮克夫人和友人们的共同努力下，波德莱尔的病情竟然得到了缓解。

当春回大地，万物复苏时，欧皮克夫人决定带儿子回到巴黎——这座让波德莱尔又爱又恨的城市。在昂塞尔先生的帮助下，波德莱尔和母亲在1866年7月4日住进了位于巴黎的杜瓦尔疗养院。诗人在这里停下了自己的脚步，一直到一年后去世，母亲一直陪伴着他在这里走完了最后一段旅程。

当波德莱尔回到巴黎时，他的朋友立刻行动起来，轮流去探望这位患病的友人，并且他们还联名向第二帝国教育部长写了一封信，请求能够资助这位诗人。

这封信由杜篷写成，波德莱尔的老友在信中写道："一件十分可怕而且不幸的事情刚刚落在了我们这一时代最杰出的诗人夏尔·波德莱尔身上，他身患重病，并且难以治愈。他曾经写出了《恶之花》等优秀的诗篇，还是爱伦·坡作品的译者，他为我们法国的文学作出了不可替代的贡献。"

杜篷用请求的语气写道："在这一令人悲伤的情况下，我们作为波德莱尔的朋友十分自然地想到了阁下您。我们希望您能根据波德莱尔病情所需治疗的实际情况给予他相应的资助。这是在资助整个法国最伟大的诗人和文学家，他为法国文坛引入了爱伦·坡这一新世界的文学天才，在20多年的时间里，他还一直在重要的杂志和报纸上发表文章，比如《导报》《轶闻》和《当代杂志》等等。"

信件的最后，是波德莱尔友人们的签名，分别是雨果、图班、居伊、理查德·瓦格纳、马拉西、阿瑟利诺、拉玛德莱纳、伊波利特·巴布……

虽然波德莱尔的母亲和友人们尽到了一切可能的努力，但是上帝仿佛决意带走这位在人间饱受苦难的天使了。在疗养院居住的这一年时间里，波德莱尔的病情不断恶化，死亡最终降临在这个伟大诗人的身上。

1867年8月初，波德莱尔已经处于濒危的状态，阿瑟利诺写信给马拉西说道："我要告诉您，波德莱尔的病情开始急剧恶化，他已经无法进食了。我们找了数十个医生，但是这些医生都认为，这位可怜的人很有可能活不过这一月。因为他已经无法动弹，所以不得不整日采取一个姿势躺在床上。这就使得他的皮肤出现了坏疽，我不得不告诉您，也许下一封信就是宣告波德莱尔的死亡。"

在最后的几天里，欧皮克夫人一直陪伴在儿子的身边，波德莱尔虽然已经不能动弹，但是他仍然在看着自己的母亲，一直在深情地望着……

1867年8月31日，伟大的诗人波德莱尔永远地闭上了自己深邃的双眼，他的面容十分安详，离别也十分平静。或许当时的他已经十分虚弱，无法在痛苦中挣扎。也许这位天使心中知道，他要永远地离开这个让他痛苦的人间，进入美丽的天堂，在那里，自己的父亲在等着自己，在那里，一切是那么的美好，再也没有了让他痛苦的丑陋和罪恶……

《巴黎日报》第二天在头版头条写道："尽管我们有心理准备，但是当这个噩耗传到我们的耳朵里时，我们都哭得喘不过气来。波德莱尔先生，再见！您知道，我们是多么的喜欢你，多么的崇拜你的诗歌啊！"

波德莱尔离开了人世，终年46岁零6个月。友人们把他安葬在蒙帕纳斯墓地。在波德莱尔的棺木下葬的时候，天上突然一声响雷，他的棺木在风中摇晃着，风吹的落叶覆盖在他的灵柩之上。杜篷说："我实在无法形容当时的情景，那是极具诗意但是也令人悲伤地一幕，我们都哭了。相信棺中的波德莱尔也能感受到这一切，那是上帝在欢迎他回家。"

这个饱经苦难的天使回家了，世上再也没有了波德莱尔，但是我们相信，那双深邃的眼睛一直在天空中注视着人间……

附 录

波德莱尔年表

波德莱尔，于1821年4月9日生于巴黎。此时，法国资本主义社会刚刚建立起来。波德莱尔幼年丧父，母亲改嫁给继父欧皮克上校。在新组建的家庭中矛盾重重：欧皮克不理解波德莱尔的诗人气质，波德莱尔也不能接受继父的专制作风，总结起来，可以说这是一场"文人和武人"的矛盾。不过，波德莱尔对母亲感情深厚。这种不正常的家庭关系，不可避免地影响诗人的精神状态和创作情绪。从青年时代开始，波德莱尔同社会便形成了一种紧张的对抗关系，这种抵抗关系很可能只不过是其家庭生活的延伸。

1839年，波德莱尔通过了毕业会考。在大学期间，他博览群书，与青年画家、文学家过从甚密。这一段时期，波德莱尔确信了将影响他生命的两件事情：第一件，他确信自己是一个天才；第二件，他要过"自由的生活"。不过，他在诗歌创作中还没有形成自己的风格。

1841年，欧皮克上校送波德莱尔出国旅行，目的是开拓他的眼界，改变他的生活态度。武人主观上的臆断显然抵触了文人的生活方式，波德莱尔中途在毛里求斯等地停留，并拒绝继续旅行，于1842年2月15日回到了法国，继承了父生10万法郎的遗产。很难讲这笔钱对波德莱尔的作用是益大于弊还是弊大于益。或者可以笼统的概括为：对诗人波德莱尔来讲，益大于弊；对肉体波德莱尔来讲，弊大于益。

波德莱尔把金钱挥霍一空以后，他的生活发生了转折。浪荡子死去，诗人波德莱尔诞生了。

1851年，波德莱尔发表《酒与大麻精》。9月，发表散文诗《酒魂》。1852年，波德莱尔发表了二十多首诗，十余篇评论和大量译著，标注着他的创作进入高潮期。1855年，以《恶之花》的标题发表18首散文诗。

1857年6月25日，诗集《恶之花》出版。这本诗集的出版标志着波德莱尔真正成为了兰波所说的"通灵者"和"诗王"。

此后，他又陆续在诗集中添加新作，最终形成129首的规模。

1867年8月31日，夏尔·波德莱尔死去。

波德莱尔年表

1821年4月9日，夏尔·比埃尔·波德莱尔，出生在法国首都巴黎市奥特菲依街。父亲是约瑟夫·弗朗索瓦·波德莱尔是一位出色的政客和业余艺术家。母亲卡洛琳·阿尔岑博特·杜费斯。

父亲约瑟夫·弗朗索瓦·波德莱尔年近古稀得幼子，给予波德莱尔极大的关怀，并且奠定了波德莱尔日后走向艺术道路的基础。

1827年2月10日，波德莱尔6岁的时候，父亲约琴夫·弗朗索瓦·波德莱尔去世。年幼的波德莱尔和母亲一起生活在巴黎郊区的讷依大街，度过了一生最幸福的时光。

1828年，母亲改嫁欧皮克上校，波德莱尔的人生出现转折，在他此后的一生当中，都在痛恨欧皮克上校。3年后的1831年，10岁的波德莱尔跟随母亲和继父前往了里昂。

在里昂读书的8年之中，波德莱尔成绩优秀，并且遭遇了里昂工人运动，为他以后的共和思想起到了催化作用，并且打下了坚实的基础。

1839年，18岁的波德莱尔因为拒绝交出同学间传递的纸条被学校开除，同时通过中学会考，从此告别了校园生活。

1840年，波德莱尔尝试着进入文坛之中，结识了犹太女子莎拉，并且因此染上梅毒，终身未愈。

1841年，第一次在《海盗船和撒旦杂志》发表诗歌，是波德莱尔一生中首个发表的作品。6月底，在欧皮克将军的安排下，前往波尔多登上南海号邮轮，计划开始环球旅行，2个月后在毛里求斯下船，并且拒绝继续旅行，开始返回法国。

1842年，波德莱尔回到了法国，继承了先父10万金法郎的遗产，此后开始了独立的生活，结识了很多作家，开始活跃在法国文坛。2年后，波德莱尔把先父留下的10万金法郎遗产挥霍殆尽，欧皮克将军通过法院指定昂塞尔为波德莱尔的财产监护人，继父子两人关系正式决裂。

1845年开始，波德莱尔独立地开始自己的诗歌征途，在1年后发表《1846年的沙龙》，逐步在法国文坛奠定了自己的地位。

1848年，这一年对于波德莱尔来说是最为重要的一年，他尝试办报和编辑生涯，但是均从失败而告终。同年他开始了长达17年的翻译爱伦·坡著作的活动。

在这一年的7月份，波德莱尔以极高的政治热情参加了二月革命，但是不久就对政治失去了兴趣。此后数年，波德莱尔一直在穷困中写作《恶之花》中的诗篇和翻译爱伦·坡的作品。并且在1852年结识了萨巴蒂埃夫人。

1854年开始在各种报刊杂志上连载爱伦·坡的作品，为波德莱尔赢得了极大的荣誉，创作生涯进入顶峰。

在1857年，波德莱尔最著名的代表作《恶之花》正式出版，同年8月，法院判定波德莱尔罚款300法郎，其诗集内的6首诗歌被查禁。这一禁令一直到1949年才被废除。

1860年，计划离开巴黎，出版《人工天堂》，在后期导致诗人死亡的主要原因梅毒神经性脑病第一次发作。次年离开巴黎之后，前往瓮福勒尔和母亲一起生活，并且试图当选法兰西学士院院士和一家大剧院院长。

1864年前往比利时举行讲座，但是十分不成功，写下《可怜的比利时》一文。1866年，波德莱尔的梅毒和脑病加剧，旅居比利时求医。

1867年8月31日，波德莱尔去世，终年46岁。